Margit und Gregor Dietz

Schulgrammatik Englisch

Schulgrammatik Englisch

Schnell nachschlagen sofort verstehen

Cornelsen

SCRIPTOR

Die Autoren:
Margit und Gregor Dietz sind Gymnasiallehrer für das Fach Englisch und haben langjährige Unterrichtserfahrung in den Jahrgangsstufen 5 bis 13.

www.cornelsen.de

Bibliografische Information: Die Deutsche Bibliothek verzeichnet diese Publikation in der Deutschen Nationalbibliografie; detaillierte bibliografische Daten sind im Internet über http://dnb.ddb.de abrufbar.

1. Auflage 2011

Projektleitung: Marion Clausen, Berlin
Redaktion: Peter Süß, München
Herstellung: Uwe Pahnke, Regina Meiser, Berlin
Gesamtgestaltung: Dagmar & Torsten Lemme, Berlin
Druck und Bindearbeiten: CPI – Clausen & Bosse, Leck
Printed in Germany
ISBN 978-3-589-23133-1

Gedruckt auf säurefreiem Papier,
umweltschonend hergestellt aus chlorfrei gebleichten Faserstoffen.

Vorwort

Liebe Schülerin, lieber Schüler,
dieses Buch soll dir helfen, wenn du Fragen zur englischen Grammatik hast. Du findest hier Informationen zu allen wichtigen grammatischen Themen, die du im Unterricht ab dem ersten Lernjahr kennenlernst. Jedes Kapitel enthält Erklärungen sowie zahlreiche Beispiele und Tabellen zur Veranschaulichung.
Nutzen kannst du das Buch auf unterschiedliche Weise:

- Du kannst einzelne Kapitel zur Wiederholung und Vertiefung nachlesen, nachdem du sie in der Schule durchgenommen hast.
- Du kannst in der Grammatik gezielt nachschlagen, wenn du bei deinen Schularbeiten oder Übungen auf ein Problem stößt. Im Stichwortverzeichnis am Ende des Buches kannst du herausfinden, auf welcher Seite du nachlesen solltest.

Die folgenden Symbole werden im Buch immer wieder verwendet:

↗ Mit dem kleinen Pfeil wird auf eine Seite oder ein Kapitel mit einem verwandten Thema verwiesen. Hier kannst du nachlesen, wenn du Zusammenhänge noch genauer verstehen möchtest.

! Dieses Zeichen macht dich auf eine Gefahrenstelle aufmerksam: Du bekommst Tipps, wie du Fehler vermeiden und Probleme lösen kannst.

i Ein Kasten, der mit dem kleinen „i“ gekennzeichnet ist, enthält weiterführende Informationen, wenn du ein Thema vertiefen möchtest.

Auf den farbig unterlegten Seiten findest du Erläuterungen zu besonders wichtigen Themen, die vielen Schülern Probleme bereiten. Mit diesen Ausführungen kannst du ein Thema vertiefen. Im Inhaltsverzeichnis erkennst du sie an der kursiven Schrift. Als ergänzendes Angebot für dich gibt es eine Liste wichtiger unregelmäßiger Verben, die im Unterricht häufig verwendet werden (Seite 116 bis 120).
Auf den Seiten 121 bis 124 werden in einer Übersicht alle wichtigen grammatischen Fachbegriffe erklärt. Vielleicht hilft dir die kurze Erläuterung dort schon weiter und du musst nicht gleich ein ganzes Kapitel durchlesen.

Viel Erfolg bei der Arbeit mit der Schulgrammatik Englisch!

1 Nomen

Was ist ein Nomen?

Das Nomen heißt auf Englisch *noun*. Es dient zur Bezeichnung von Konkretem (Lebewesen, Gegenstände) und Abstraktem (was man fühlt, sich denkt und vorstellt).
Personen: *sister, man, friend, teacher, grandpa, champion, twins* ...
Lebewesen im weiteren Sinne: *dog, bird, frog, lion, hamster, animal, tree, flower* ...
Eigennamen *(proper nouns)*: *David, Mrs Roberts, San Francisco, Germany* ...
Gegenstände: *box, rubber, picture, window, cage, bed, cake, sandwich* ...
Abstraktes: *idea, difference, danger, love, fashion, trouble, summer* ...

> Im Englischen gibt es keine Unterscheidung in Genera (Maskulinum, Femininum, Neutrum). Für die Wahl von Pronomen und Begleitern *(he, she, it; his, her, its)* ist nur wichtig, ob das Nomen eine Person bezeichnet oder nicht. So werden etwa Tiere in der Grammatik oft als „Sachen" gesehen (↗ Kapitel 3 Pronomen und Begleiter).

Im Gegensatz zum Deutschen werden nur Eigennamen großgeschrieben. Dies gilt vor allem für Personen *(Linda, Mr Scott)*, Länder *(England, Ireland)*, Städte *(London, New York)*, Flüsse *(Thames, Hudson)*, Berge *(Snowdon, Rocky Mountains)*, Wochentage *(Tuesday, Saturday)* und Monate *(January, May)*.

Numerus: Singular und Plural

Einzahl und Mehrzahl heißen im Englischen *singular* und *plural*. Die meisten Nomen bilden den Plural, indem man ein *s* an den Singular anfügt. In der Schreibung ist das meist kein Problem, bei der Aussprache der Pluralendung muss man einige Besonderheiten beachten:

Singular		Schreibung	Plural	Aussprache
bike, basket, shop			*bike**s**, basket**s**, shop**s***	stimmloses [s] nach stimmlosen Konsonanten wie [p], [t], [k]
bag, animal, boy, radio			*bag**s**, animal**s**, boy**s**, radio**s***	stimmhaftes [z] nach stimmhaften Konsonanten und Vokalen
orange, nurse	+ *s*		*orang**es**, nurs**es***	Aussprache [ɪz] nach den Zischlauten [s, z, ʃ, dʒ, tʃ]
box, match, sandwich		eingefügtes *e*	*box**es**, match**es**, sandwich**es***	
country, family, story, party, hobby		*y* nach Konsonant wird zu *ie*	*countr**ies**, famil**ies**, stor**ies**, part**ies**, hobb**ies***	[z]
shelf, knife, wife		*f(e)* am Ende wird zu *ve*	*shel**ves**, kni**ves**, wi**ves***	[vz]

Bei *house* [haʊs] wird im Plural die Aussprache zu [haʊzɪz].
Nomen auf *o* bilden den Plural zum Teil mit *s*, zum Teil mit *es*: *kilo**s**, radio**s**, disco**s**, potato**es**, echo**es**, tomato**es**, hero**es***. Die Aussprache ist aber in jedem der beiden Fälle [z].

Wichtig für die Aussprache der Pluralendung ist immer der letzte hörbare Laut des Wortes im Singular, auch wenn in der Schreibung manchmal noch ein stummer Buchstabe (meist *e*) folgt: *no**te*** [nəʊt] – *notes* [nəʊts], *gui**de*** [gaɪd] – *guides* [gaɪdz], *sna**ke*** [sneɪk] – *snakes* [sneɪks], *ca**se*** [keɪs] – *cases* [keɪsɪz].

Es gibt einige Nomen, die unregelmäßige Pluralformen haben.
Veränderung des Stammvokals: *man – men, woman – women, mouse – mice, louse – lice, foot – feet, tooth – teeth, goose – geese*
Endung *(r)en*: *child – children, ox – oxen*
Keine Veränderung: *sheep – sheep, fish – fish*

Die meisten Nomen können im Singular oder im Plural stehen: *girl - girls, school - schools, cat - cats, cup - cups, door - doors, idea - ideas, day - days, city - cities, game - games, cloud - clouds*.

Einige Nomen werden nur im Singular verwendet. Dazu gehören neben den Eigennamen die folgenden Gruppen:

Bezeichnungen für Materialien, Stoffe und Flüssigkeiten	Sammelbezeichnungen	zahlreiche abstrakte Nomen
water, milk, air, butter, salt, gold, wood, paper	*hair, rubbish, furniture, jewelry, fruit*	*information, love, advice, fun, happiness, music, weather*

! Häufig können die deutschen Entsprechungen dieser Nomen einen Plural bilden: *Haare, Früchte, Informationen, Ratschläge.* Verwechslungen vermeiden!

Es gibt Nomen, die nur im Plural vorkommen: *stairs*, *clothes*, *goods* (Waren); Wörter wie *jeans*, *trousers*, *tights* (Strumpfhose), *glasses* (Brille), *scissors* (Schere). Da diese Dinge immer aus zwei Elementen bestehen (zwei Hosenbeine, zwei Brillengläser ...), spricht man auch von „Paarbezeichnungen". Um eine solche Paarbezeichnung zählbar zu machen, kann man die Umschreibung *pair of* verwenden:

Ich habe drei Hosen eingepackt.	*I've packed three pairs of trousers.*
Er hat drei Brillen verloren.	*He has lost three pairs of glasses.*

Im Allgemeinen gehört zu einem Nomen im Singular auch ein Verb im Singular, zu einem Nomen im Plural ein Verb im Plural:

The ***water is*** *still too cold for swimming.*
These ***stairs are*** *very slippery* (rutschig) *in wet weather.*

Die Nomen *people*, *police* und *cattle* (Vieh) haben zwar keine Pluralendung, müssen aber ein Verb und Pronomen/Begleiter im Plural nach sich haben:

The ***police are*** *on* ***their*** *way.* ***They****'ll see this mess for* ***themselves****.*
The ***people*** *next door* ***have*** *got a very fast car.*

Genitiv

Mit dem Genitiv drückt man Zugehörigkeit oder Besitz aus: Wem gehört etwas? Was gehört zu welcher Sache? Im Englischen gibt es zwei Möglichkeiten für den Genitiv: den *s-genitive* oder den Anschluss mit *of*.

s-genitive

Der s-Genitiv wird vor allem verwendet, um Zugehörigkeit oder Besitz bei einer Person oder Personengruppe auszudrücken:

> ***Susan's*** *mother is a teacher.* ***Mrs Hunt's*** *school is in London, but the* ***family's*** *house is in Cambridge.* ***The girl's*** *bedroom is upstairs,* ***the boys'*** *bedrooms are on the second floor. I like* ***the Hunts'*** *beautiful garden.*

Bei der Bildung des *s-genitive* ist Folgendes zu beachten:

Person im Singular	Personengruppe im Plural
Nomen + *'s*: *Peter's aunt* *his aunt's husband* *the family's house* *Alex's friend* *the prince's castle*	regelmäßige Pluralform des Nomens + *'*: *the boys' uncle* *the twins' mother* *the families' houses* *the Petersons' neighbours* *my parents' car*
Die Aussprache der Formen ist wie bei der Pluralbildung.	Die Aussprache verändert sich durch das Hinzufügen des Apostrophs nicht.
	unregelmäßige Pluralformen + *'s*: *the children's toys* *the women's hobby*

Werden zwei Personen mit *and* verbunden, erhält nur die zuletzt genannte Person ein Genitiv-s, wenn die Zugehörigkeit zur gleichen Person oder Sache ausgedrückt werden soll. Ansonsten bekommen beide Personen eine Genitivendung:

> *Sarah and Brian's mother:* Sarah und Brian sind Geschwister, sie haben dieselbe Mutter. Aber:
> *David's and Carol's fathers:* Jeder der beiden hat seinen eigenen Vater.

Der s-Genitiv kann auch bei Tieren verwendet werden, insbesondere bei Haustieren, zu denen man eine persönliche Bindung hat:

> *Our cat's favourite place is the living-room sofa.*
> *My dogs' names are Toby and Molly.*

Im Englischen steht der s-Genitiv, wenn man sagen möchte „bei jemandem zu Hause“ oder „zu jemandem“:

See you later ***at Susan's house/at Susan's place/at Susan's*** (= bei Susan).

Would you go ***to the butcher's*** (= zum Fleischer/Metzger) *and buy some steaks*?

Anschluss mit *of*

Der Anschluss mit *of* (= Genitivphrase mit *of*) kommt vor allem dann vor, wenn eine Zugehörigkeit zu Gegenständen, Sachen oder zu Abstraktem ausgedrückt wird. Im Gegensatz zum s-Genitiv wird die *of*-Phrase nachgestellt:

The front door ***of our house*** *is red.*
We must paint the walls ***of all rooms****.*
The wind is shaking the leaves ***of the trees****.*
I don't know the names ***of these flowers****.*
What is the meaning ***of this word****?*

An Mengenangaben wird ebenfalls eine *of*-Phrase angeschlossen, die zeigt, wovon es eine bestimmte Menge gibt. Im Deutschen dagegen werden beide Nomen direkt aneinandergereiht:

There's a bottle of milk in the fridge.	Es ist eine Flasche Milch im Kühlschrank.
Could I have a cup of tea?	Könnte ich eine Tasse Tee haben?
Two pounds of apples, please.	Zwei Pfund Äpfel, bitte.
Whose is this box of chocolates?	Wem gehört diese Schachtel Pralinen?

Bei Orten und Ortsnamen kann der s-Genitiv oder der Anschluss mit *of* verwendet werden:

Edinburgh is Scotland's capital. – Edinburgh is the capital of Scotland.
The city's name comes from a Latin word. – The name of the city comes from a Latin word.

Die *of*-Phrase kann den s-Genitiv bei Personen und Personengruppen ersetzen, wenn die Bezeichnung dafür sehr lang ist:

I like the bike ***of the boy who lives around the corner from us.*** *–*
This is the sister ***of the girl in the red dress****.*

2 Artikel

Was ist ein Artikel?

Der Artikel ist ein vorangestellter Begleiter des Nomens. Es gibt den bestimmten Artikel *(definite article: **the**)* und den unbestimmten Artikel *(indefinite article: **a**, **an**)*. Im Englischen werden die Artikel nicht dekliniert (gebeugt), also nicht nach Kasus, Numerus oder Genus unterschieden. Form und Aussprache richten sich allein nach dem Anfangslaut des folgenden Wortes.

Wie werden die Artikel verwendet?

Der unbestimmte Artikel verweist meist auf etwas Neues, Unbekanntes und nicht näher Bestimmtes. Den unbestimmten Artikel gibt es nur im Singular; er kann daher auch nur ein Nomen im Singular begleiten:

*I'm looking for **a supermarket**.*

Der bestimmte Artikel wird für allgemein Bekanntes, bereits Erwähntes oder genauer Bestimmtes verwendet. Er steht bei Nomen im Singular oder im Plural:

***The supermarket** next to the cinema is not far from here. **The shops** in High Street are very good, too.*

Unbestimmter Artikel

Der unbestimmte Artikel hat die Form *a* oder *an*. Der erste Laut des nachfolgenden Wortes bestimmt, welche Form verwendet wird.

a	*an*
Vor Wörtern, deren Aussprache mit einem Konsonanten beginnt: *a shop* *a new idea* *a restaurant* *a heavy bag* *a uniform (!)* [j] *a European country (!)* [j] *a CD*	Vor Wörtern, deren Aussprache mit einem Vokal beginnt: *an old shop* *an idea* *an Italian restaurant* *an hour (!)* *an uncle* *an English city* *an MP3 player (!)*

Für die Wahl des unbestimmten Artikels ist die Aussprache entscheidend. Man darf sich bei manchen Wörtern, die mit *e*, *h* oder *u* beginnen, nicht von der Schreibung beirren lassen. Außerdem muss man bei Abkürzungen darauf achten, wie die einzelnen Buchstaben ausgesprochen werden.

Anders als im Deutschen wird bei der Angabe von Beruf, Nationalität, Religion und politischer Richtung der unbestimmte Artikel verwendet. Dies gilt ebenso für Überzeugungen und Lebenseinstellungen:

Susan's mother is a teacher, an American, a Jew and a Democrat. (... ist Lehrerin, Amerikanerin, Jüdin und Demokratin.)
As a child, I wanted to be a pilot. (... wollte ich Pilot werden.)
Normally, I'm an optimist. (... bin ich Optimist.)
As a pacifist, I can't accept this political decision. (Als Pazifist ...)

Im Normalfall steht der unbestimmte Artikel vor dem Nomen und den Adjektiven, die dazugehören: *This was an interesting film.*
Zu den Ausnahmen von dieser Regel gehören *such*, *half*, *quite*:

The tour of the castle starts in half an hour. (... in einer halben Stunde.)
I've never seen such a castle. (... ein solches Schloss.)
The tour of the dungeon was quite an adventure. (... ein ziemliches Abenteuer.)

Der unbestimmte Artikel kann in Zeit- und Mengenangaben auch so viel wie „pro" bedeuten. Im Deutschen steht entweder kein Artikel oder der bestimmte Artikel:

There's a tour of the castle twice a day. (... zweimal am Tag/täglich.)
The castle is open to visitors six days a week. (... sechs Tage die/pro/je Woche.)
In the Castle Shop, chocolates are £ 3.50 a box. (... je/pro Schachtel.)

Bestimmter Artikel

Der bestimmte Artikel hat in der geschriebenen Sprache immer die Form *the*, aber die Aussprache hängt vom Anfangslaut des folgenden Wortes ab:

the [ðə]	*the* [ðɪ]
Vor Wörtern, deren Aussprache mit einem Konsonanten beginnt: *the street* *the hospital* *the castle* *the bottle* *the USA (!) [j]* *the European Union (!)* [j] *the TV*	Vor Wörtern, deren Aussprache mit einem Vokal beginnt: *the old shop* *the hour (!)* *the interesting castle* *the empty bottle* *the Underground* *the English language* *the FBI (!)*

! Auch für den bestimmten Artikel ist die Aussprache entscheidend. Man darf sich bei manchen Wörtern, die mit *e*, *h* oder *u* beginnen, nicht von der Schreibung beirren lassen. Außerdem muss man bei Abkürzungen darauf achten, wie die einzelnen Buchstaben ausgesprochen werden.

Wenn man Personen, eine Stoffbezeichnung, etwas Abstraktes oder Gegenstände im Allgemeinen meint, steht der bestimmte Artikel nicht. Kommt aber eine nähere Bestimmung (meist eine Präpositionalphrase, eine *of*-Phrase oder ein Relativsatz) hinzu, setzt man den bestimmten Artikel:

im Allgemeinen: ohne Artikel	im Besonderen: mit Artikel
Shops *are usually closed on Sunday.*	*But* ***the shops in the city centre*** *are open from 1 to 5 p.m. even on Sunday afternoons.*
Shop assistants *often have to work long hours.*	***The shop assistants who work in this supermarket*** *are always very friendly.*
I need ***help*** *with these heavy bags.*	*With* ***the help of his friends and family****, he managed to get everything ready for his birthday party.*
You shouldn't buy ***food*** *in that supermarket over there – it's too expensive.*	***The food we bought*** *will be enough for the weekend.*

! Im Englischen werden abstrakte Begriffe in allgemeingültigen Aussagen ohne bestimmten Artikel verwendet – oft im Gegensatz zum Deutschen:

Life can be very exciting.
Das Leben kann sehr aufregend sein.
Energy consumption has gone up.
Der Energieverbrauch ist gestiegen.

Bei einer Reihe von Nomen unterscheidet sich der Gebrauch des bestimmten Artikels erheblich vom Deutschen:

	ohne Artikel	mit Artikel
Institutionen/ Einrichtungen	Zweck, Funktion: *I can go shopping after school.* (= nach dem Unterricht) *I'll see you at church on Sunday.* (= in der Kirche/beim Gottesdienst) *After the accident, the driver was taken to hospital.* (= ins Krankenhaus zur Behandlung)	Gebäude: *The school is in New Street.* *Turn right at the hospital.* *I think the church was built over 300 years ago.*
Verkehrsmittel	*by* + Verkehrsmittel: *Let's go to the shopping centre by car.* (... mit dem Auto ...) *I go to school by bike or by bus.* (... mit dem Fahrrad oder mit dem Bus)	in anderen Wendungen: *Be careful if you take the car.* *There are always a lot of people on the bus.* *I like the train better than the plane.*
Monate und Wochentage	Regelmäßigkeit: *I usually do my shopping on Friday/on Fridays.* (am Freitag/freitags) der nächste oder der vergangene Wochentag/Monat: *The girls want to go to town on Saturday.* (= am nächsten Samstag) *I bought new hiking equipment in March.* (= im vergangenen März) in Verbindung mit *next/last*: *I'd like to go to the city next Saturday.* *Last March, my father won the lottery.*	ein bestimmter Tag/Zeitpunkt: *Do you remember the Friday we saw the bank robber?* *The November of 2010 was a very busy month.*

	ohne Artikel	mit Artikel
Mahlzeiten	die Mahlzeit grundsätzlich: *What's for breakfast today?* (Was gibt es heute zum Frühstück?) *They have invited me to have lunch with them.* (zum Mittagessen) *Dinner is served at 8 o'clock.* (Das Abendessen ...)	eine bestimmte Mahlzeit: *The breakfast we were served yesterday was fantastic.* *I loved the lunch we had in that little seaside town.*
Eigennamen (Personen, Länder, Städte, Straßen, Berge, Seen)	Singular (auch mit vorangestelltem Adjektiv): *Mrs Hunt has called a doctor because poor Frank is sick.* (der arme Frank) *Good old England!* (Das gute alte England!) *The highest mountain in Wales is called Snowdon.* *Lake Ontario is between Canada and the USA.*	Plural oder genauer bestimmt: *The Burtons have opened a new restaurant.* *My grandfather always talks about the England of the 1950s.* *We spent a week hiking in the Rocky Mountains.* *The Great Lakes are in the north of the USA.*

!

Meere und Flüsse haben den bestimmten Artikel bei sich, obwohl sie im Singular stehen:

__The North Sea__ can be quite rough.

In summer, there are a lot of boats on __the Thames__.

Im Englischen wird „das meiste/die meisten" mit *most* ohne Artikel wiedergegeben:

__Most people__ like window shopping.

I like __most food__, but Chinese food is really my favourite.

3 Pronomen und Begleiter

Was ist ein Begleiter?

Wörter, die vor ein Nomen treten können und in dieser Position einen Artikel ersetzen, bezeichnet man als Begleiter oder *determiners*:

Artikel	*the*	*children*
Begleiter	*their*	
	all	
	some	

Was ist ein Pronomen?

Ein Pronomen *(pronoun)* ist ein Wort, das „für das Nomen", also anstelle des Nomens (+ Artikel oder Begleiter, + Adjektiv etc.) steht:

On Mondays,	*children*	*go to school.*
	our children	
	all British children	
	they	

Welche Pronomen und Begleiter gibt es? Wie werden sie verwendet?

Personalpronomen

Personalpronomen werden wie Nomen nach dem Numerus (Singular und Plural) unterschieden. Außerdem ist es wichtig, ob das Pronomen im Satz an der Stelle des Subjekts steht oder in der Position eines Objekts (nach bestimmten Verben oder nach Verben mit Präposition). Man unterscheidet daher die *subject form* und die *object form* der Personalpronomen:

	Singular			Plural		
	1st person	*2nd person*	*3rd person*	*1st person*	*2nd person*	*3rd person*
SUBJECT FORM	*I*	*you*	*he, she, it*	*we*	*you*	*they*
Wer?	ich	du; Sie	er, sie, es	wir	ihr; Sie	sie
OBJECT FORM	*me*	*you*	*him, her, it*	*us*	*you*	*them*
Wem? Wen?	mir, mich	dir, dich; Ihnen, Sie	ihm, ihn ihr, sie, es	uns	euch; Ihnen, Sie	ihnen, sie

__I__'m new here. Can you show __me__ my classroom?
Kate, can __you__ speak up, please? I can't hear __you__.
There's Mike. __He__'s my best friend. Come on, let's talk to __him__.
Where's Melanie? Is __she__ late again? – Don't worry. I can see __her__ over there.
I've got a new mobile. __It__'s great. – But don't use __it__ at school. The teachers don't like that.
Robert, Mark, can __we__ play football after school? – Good idea. Wait for __us__ at the bus stop.
Are __you__ two new here? Can I help __you__?
Susan and Pete have got a new teacher. __They__ like him. He often tells __them__ funny stories.

! Das Pronomen *it (+ is)* wird mit Personen benutzt, wenn man sie vorstellt oder ihre Namen erstmals nennt. Ist eine Person bereits bekannt und wird weiter über sie gesprochen, verwendet man wie üblich die Pronomen *he*, *she*, *they*:

Who's the girl with Mitch? – It's Anna, his cousin from Germany.
Where's Anna from? – She's from Berlin.
Who's Martin Berger? – He's Anna's brother.

Um über Leute im Allgemeinen zu sprechen, kann das deutsche Wort „man“ im Englischen mit verschiedenen Pronomen wiedergegeben werden:

> ***You** can't rely on the weather forecast.*
> Man kann sich nicht auf den Wetterbericht verlassen.
> ***They** are very strict at this school.*
> An dieser Schule ist man sehr streng.

one/ones als Ersatz für ein Nomen

Victoria likes the blue dress better than the red dress.
The black shoes are fantastic – the white shoes are too elegant.
The black shoes are not as expensive as the shoes in other shops.

Möchte man solche Wortwiederholungen vermeiden, muss man im Englischen ein *prop word* („Stützwort“) verwenden, wenn man das Nomen nicht zum zweiten Mal nennen möchte. Im Deutschen gibt es ein derartiges Ersatzwort nicht. Das Stützwort *one* kann zählbare Nomen im Singular ersetzen, *ones* kann für zählbare Nomen im Plural stehen:

Victoria likes the blue dress better than the red one.
Victoria gefällt das blaue Kleid besser als das rote.
The black shoes are fantastic, but the white ones are too elegant.
Die schwarzen Schuhe sind toll, aber die weißen sind zu elegant.
The black shoes are not as expensive as the ones Victoria saw in another shop.
Die schwarzen Schuhe sind nicht so teuer wie die, die Victoria in einem anderen Laden gesehen hat.

One/ones steht nie

- nach Kardinalzahlen:
  How many T-shirts have you bought? – Three.
- nach den Mengenangaben *all*, *any*, *both*, *(a) few*, *many*, *several*, *some*:
  Have you bought a dress? – No, I tried on some, but they didn't fit.
  The red blouse or the white one? – I don't know. I like both.
- nach einem s-Genitiv:
  Did Sarah's mother take you to the shopping centre? – No, Victoria's.
- nach einem Possessivbegleiter, da dieser zusammen mit dem Nomen durch ein Possessivpronomen ersetzt werden kann:
  Is this Sarah's new skirt? – In fact it's mine (= my new skirt).

Possessivpronomen und Possessivbegleiter

Der Possessivbegleiter *(possessive determiner)* und das Possessivpronomen *(possessive pronoun)* drücken ein Besitzverhältnis oder eine Zugehörigkeit zwischen zwei Personen/Gegenständen aus. Der Possessivbegleiter richtet sich ausschließlich nach dem Besitzenden und ist unveränderlich in seiner Form. Er wird also im Gegensatz zum Deutschen nicht dekliniert:

Singular			Plural		
1st person	*2nd person*	*3rd person*	*1st person*	*2nd person*	*3rd person*
my	*your*	*his, her, its*	*our*	*your*	*their*
mein, meine, meinem …	deine, deines … Ihr, Ihren …	sein, ihre, seinen …	unsere, unserem …	euer, euren, eures … Ihre, Ihrem …	ihr, ihre, ihren …

Hier werden Personalpronomen und Possessivbegleiter einander zugeordnet:

		personal pronoun	*possessive determiner*
Singular	*1st p.*	***I**'m new here.*	***My** name is Lucy.*
	2nd p.	*Are **you** the new pupil?*	*I'm **your** English teacher.*
	3rd p.	***He**'s late.*	*He's running to **his** classroom.*
		*Mandy isn't here. Where is **she**?*	*Come on, let's ask **her** brother.*
		*The church? **It**'s over there.*	*You can see **its** roof from here.*
Plural	*1st p.*	*Susan, can **we** have …*	*… **our** lunch together?*
	2nd p.	*Where are **you** going, girls?*	*Why aren't you in **your** classroom?*
	3rd p.	*Look at Bill and Chris. **They**'re best friends.*	*They always do **their** homework together.*

Im Gegensatz zum *possessive determiner* steht das *possessive pronoun* nicht vor einem Nomen, sondern ersetzt ein Nomen mit Possessivbegleiter:

Can I use your ruler, please? I can't find	*my ruler.*
	mine.

I like your Maths teacher. He's nicer than	*our Maths teacher.*
	ours.

Sally loves sandwiches. First, she eats Bryan's sandwich, and then she eats	*her own sandwich.*
	hers.

Das *possessive pronoun* ist unveränderlich. Seine Form wird nur vom Bezugswort bestimmt:

Singular			Plural		
1st person	*2nd person*	*3rd person*	*1st person*	*2nd person*	*3rd person*
mine	*yours*	*his, hers, its*	*ours*	*yours*	*theirs*

Die folgende Übersicht zeigt *possessive determiners* und *possessive pronouns* in der Gegenüberstellung:

	possessive determiner	*possessive pronoun*
1st person singular	*Is this **my** rubber?*	*No, it's **mine**. But you can use it, of course.*
2nd person singular	*This isn't **your** ruler.*	***Yours** is under this exercise book.*
3rd person singular	*Tom wants to use **his** sister's mobile ...*	*... because he can't find **his**.*
	*Kate likes **her** new mobile.*	*Ellie likes **hers**, too, but it isn't new.*

	possessive determiner	*possessive pronoun*
3rd person singular	*The cat is sleeping in* ***its*** *basket.*	*The dog has got* ***its*** *own.*
1st person plural	***Our*** *favourite restaurant is Italian.*	*How funny!* ***Ours*** *is Italian, too!*
2nd person plural	*Kate, David, can you give me* ***your*** *exercise books, please?*	*I've seen all the others' homework, but I haven't seen* ***yours****.*
3rd person plural	*Liz and Laura know* ***their*** *English teacher from last year.*	*But Pete and Dave don't know* ***theirs****. He's a new teacher.*

! Verwechslungsgefahr besteht zwischen manchen Possessivbegleitern und Personalpronomen + Kurzform von *be/have*. Bevor man etwas schreibt, sollte man sorgfältig überlegen, was gemeint ist.

You're *late. You'll miss* ***your*** *bus.*

It's *a great castle, and especially* ***its*** *history is interesting.*

He's *(= he has) sold* ***his*** *house and now* ***he's*** *(= he is) on a trip around the world.*

! Possessivbegleiter können mit *own* verstärkt und betont werden:

Please bring your own maps for the city tour.

Anders als „eigene(r/s)" im Deutschen wird im Englischen *own* immer mit einem Possessivbegleiter kombiniert, niemals mit einem unbestimmten Artikel:

You've got your own mobile. Why do you want to use mine?

Du hast ein eigenes Handy.

Demonstrativpronomen und Demonstrativbegleiter

Die Aufgabe der *demonstrative determiners* und der *demonstrative pronouns* besteht darin, auf etwas oder jemanden ausdrücklich hinzuweisen oder es zu zeigen. Demonstrativpronomen und Demonstrativbegleiter unterscheiden sich in der Form nicht.

Singular: *this*, *that*

Plural: *these*, *those*

Die Begleiter *this* und *that* stehen vor Nomen im Singular, *these* und *those* stehen vor Nomen im Plural oder mit Pluralbedeutung:

I can't do this exercise. – Can you help me with these exercises, please?

Do you know those girls over there? – Who are these people?

Oft verweist man mit *this* und *these* auf etwas, das zeitlich oder räumlich näher liegt als etwas anderes, auf das mit *that* und *those* hingewiesen wird:

This exercise is easy, but that exercise on page 42 is very difficult.

These girls are in my class, and those boys over there, too.

This English lesson is funny, but that one yesterday was very boring.

Indefinitpronomen und indefinite Begleiter

Wenn man ein Indefinitpronomen oder einen indefiniten Begleiter verwendet, trifft man im Allgemeinen eine ziemlich ungenaue Aussage über Personen oder Gegenstände, ihre Anzahl oder Beschaffenheit. Daher heißen sie auch unbestimmte Fürwörter/Begleiter. Im Englischen werden sie auch manchmal als *quantifiers* bezeichnet, da sie eine mehr oder weniger genau bestimmte Menge bezeichnen.

Hier eine Übersicht über alle indefiniten Pronomen und Begleiter. Die fett gedruckten Wörter können nur als Begleiter, die unterstrichenen Wörter nur als Pronomen verwendet werden:

	indefinite	
	Begleiter	Pronomen
für eine Gesamtmenge	*all (the)* *each/**every***	*(all)* *each* <u>*everybody/everyone/everything*</u>

	indefinite	
	Begleiter	Pronomen
für eine Nullmenge	***no***	*none* *nobody/no one/nothing*
für eine Zweiermenge	*both* *either/neither*	*both* *either/neither*
für eine unbestimmte Menge oder Anzahl	*some/any* ***a lot of*** *much/many* *(a) little/(a) few* *enough* *several*	*some/any* *somebody/someone/something* *anybody/anyone/anything* *much/many* *(a) little/(a) few* *enough* *several*

Zudem können nicht alle indefiniten Begleiter beliebig mit allen Nomen kombiniert werden. Folgende Möglichkeiten gibt es:

mit zählbarem Nomen		mit unzählbarem Nomen
im Singular	*each child* *every child* *no child* *either/neither side*	*all food/no food* *some/any food* *much/a lot of food* *(a) little food/enough food*
im Plural	*all (the) sandwiches* *no sandwiches* *both parents* *some/any sandwiches* *many/a lot of sandwiches* *(a) few sandwiches* *enough sandwiches* *several sandwiches*	

Einige Beispiele:

all children	alle Kinder
all the time	die ganze Zeit
every/each pupil	jeder Schüler/alle Schüler
Everybody supported the charity bazaar.	Jeder unterstützte ...
There were no problems at all.	Es gab keine Probleme.
There's no food left.	Es ist kein Essen mehr da.
no one/nobody	niemand/keiner
nothing	nichts
both languages	beide Sprachen
I must buy some exercise books.	Ich muss (ein paar) Hefte kaufen.
Do you need any pencils?	Brauchst du Bleistifte?
Have you got any ink?	Hast du (noch) Tinte?
I haven't got any ink.	Ich habe keine Tinte (mehr).
Have you got many books?	... viele Bücher?
I haven't got much time.	... nicht viel Zeit.
He has got a lot of sports magazines.	... viele Sportzeitschriften.
Put a little milk into my coffee, please.	... ein bisschen Milch ...
Buy a few eggs for the pancakes, please.	... ein paar/einige Eier ...
They have got little time for tea today.	... wenig Zeit ...
Few people know how to make good pancakes.	... wenige Leute ...
enough	genug, genügend

Little und *few* gelten als ziemlich förmlich und werden im alltäglichen Sprachgebrauch eher durch *not much/not many* ersetzt:

They haven't got much time for tea today.
Not many people know how to make good pancakes.

Die unbestimmten Mengenangaben *some* und *any* bedeuten auf Deutsch „ein paar", „einige" oder „etwas". Oft werden sie im Deutschen nicht wiedergegeben. Sie werden auf unterschiedliche Weise verwendet.

- *some* in Aussagen:

  School starts tomorrow. I must buy ***some*** *exercise books. And I need* ***some*** *glue, too.*

  Ich muss (ein paar) Hefte kaufen. Und ich brauche auch Klebstoff.

- *any* in Fragen und in verneinten Aussagen:

  *Do you need **any** pencils? Have you got **any** ink?*

  Brauchst du Bleistifte? Hast du (noch) Tinte?

  *I have**n't** got **any** ink. And there are**n't** **any** new folders.*

  Ich habe keine Tinte (mehr). Und es sind keine neuen Ordner (mehr) da.

Diese Regel gilt auch für *somebody*, *someone*, *something*, *somewhere*, *anybody*, *anyone*, *anything* und *anywhere*:

*Do you need **anything** else for school? – I'm not sure. I've certainly forgotten **something** as usual. – Why don't you ask your friends? Call **someone**. – Excellent idea. But I can't find my mobile. Have you seen it **anywhere**?*

Es gibt eine Ausnahme bei der Verwendung von *some* und *something*; in Fragen kommen sie dann vor, wenn man etwas anbietet oder höflich um etwas bittet:

*Would you like **something** to drink?*

*Could I have **some** water, please?*

Sowohl *a lot of* als auch *much/many* bedeuten „viel(e)", unterscheiden sich aber ebenfalls im Gebrauch in Fragen und Aussagesätzen:

- *many* und *much* in Fragen und verneinten Aussagesätzen:

  *Have you got **many** books? – I have**n't** got **many** CDs. – There is**n't** really **much** homework today. – That's good, because I have**n't** got **much** time.*

- *a lot of* in positiven Aussagesätzen:

  *My dad has got **a lot of** magazines. – Teachers always think that children have got **a lot of** time for homework – it's so unfair!*

Nach *as*, *how*, *so*, *too*, *very* stehen immer *many* und *much*, nie *a lot of*:

***How many** books have you got? I'm sure you haven't got **as many** as my mother. There are really **too many** books on her shelves, my dad says. – I've got **very much** homework every day, but today it's really **too much**!*

Much/many/a lot of (viel/viele) und *(a) little* (wenig) haben unregelmäßige Steigerungsformen (↗ Kapitel 5 Adjektiv):

much - more - most
many - more - most
little - less - least

Komparativ und Superlativ von *(a) few* sind dagegen regelmäßig:

few - fewer - fewest

Reflexivpronomen und reziproke Pronomen

Ein Reflexivpronomen *(reflexive pronoun)* ist ein Fürwort, das das Subjekt eines Satzes noch einmal aufgreift, sich darauf zurückbezieht. Daher wird es auch rückbezügliches Fürwort genannt:

Jack, one of Robin's men, is teaching ***himself*** *to make arrows.*
"I've hurt ***myself,****" he suddenly cries.*
A woman says: "Don't worry. Boys often cut ***themselves****. I'll help you."*

Die Formen der englischen Reflexivpronomen lauten:

Singular			Plural		
1st person	*2nd person*	*3rd person*	*1st person*	*2nd person*	*3rd person*
myself	*yourself*	*himself* *herself* *itself* *oneself* (dt. „man“)	*ourselves*	*yourselves*	*them-* *selves*
mir, mich	dir, dich; sich	sich	uns	euch; sich	sich

Mit dem Subjekt des Satzes und dem Reflexivpronomen muss also immer die gleiche Person gemeint sein, andernfalls handelt es sich nicht um ein Reflexivpronomen, sondern um ein Personalpronomen, das sich auf eine andere Person bezieht:

Reflexivpronomen	Personalpronomen
Jack*, one of Robin's men, is teaching* ***himself*** *to make arrows.*	*Jack is very happy:* ***Robin*** *is teaching* ***him*** *(= Jack) to make arrows.*

Zum Gebrauch der Pronomen auf *-self/-selves* zur Hervorhebung ↗ Kapitel 11 Mittel der Hervorhebung.

Im Deutschen steht oft „sich“ oder „uns“, wenn etwas Gegenseitiges gemeint ist. Daher kann man in diesen Fällen auch „einander“ einsetzen oder „gegenseitig“ hinzufügen:

Robin und Marian lächelten sich (= einander) an.
Dann umarmten sie sich (= sich gegenseitig, einander).

Das Englische verwendet dafür die reziproken (= gegenseitigen) Pronomen *each other* oder *one another*:

Robin and Marian smiled at each other/at one another.
Then they hugged each other.

! Beachte den Unterschied:

Paul and Mike introduced themselves to the new neighbour.
= Jeder der beiden hat sich dem neuen Nachbarn selbst vorgestellt.
Paul and Mike introduced each other to the new neighbour.
= Beide haben sich dem neuen Nachbarn gegenseitig vorgestellt.

Relativpronomen und -begleiter

Die Relativpronomen *(relative pronouns)* nehmen im Nebensatz *(relative clause)* ein Nomen/Pronomen auf, das vorher bereits genannt wurde:

***The king whose** story every child knows is King Arthur.*
*Merlin is **the magician who** protected King Arthur.*
*Excalibur is **the famous sword that/which** Arthur pulled from a stone.*
***The castle which/that** King Arthur liked best was called Camelot.*

Dabei gilt folgende Zuordnung:

	who	Verwendung für Personen im Singular und im Plural
Verwendung für Tiere, Gegenstände und Abstraktes im Singular und im Plural	*that*	
	whose	
	which	

Alle Relativpronomen sind unveränderlich und können im Relativsatz Subjekt oder Objekt sein. *Whose* steht immer vor einem Nomen:

Guinevere is the girl ***who*** *married Arthur.* = Subjekt des Relativsatzes

The girl ***who*** *Arthur married came from a noble family.* = Objekt des Relativsatzes

One of the kings ***whose knights*** *met at the Round Table is Arthur.*

! Beim Schreiben besteht Verwechslungsgefahr zwischen *who's* und *whose*. Man muss überprüfen, ob sich sinnvoll *who is* einsetzen lässt:

Sir Galahad, who's (= who is) Lancelot's son, has got a white shield with a red cross.

Sir Galahad, whose shield is white with a red cross, is Lancelot's son.

Wenn eine Präposition vorangestellt ist, wird *who* zu *whom*:

Queen Guinevere was the woman ***who*** *was rescued by Lancelot.*

Queen Guinevere was the woman ***for whom*** *Lancelot did everything.*

Das Relativpronomen *which* kann sich auch auf die gesamte vorherige Aussage beziehen:

There are a lot of different stories about King Arthur and the Knights of the Round Table, which makes it impossible to know them all.

Notwendige und nicht notwendige Relativsätze: ↗ Kapitel 8 Nebensätze.

Überblick über verschiedene Pronomen und Begleiter

		personal pronoun subject form	*personal pronoun object form*	*possessive determiner*	*possessive pronoun*	*reflexive pronoun*
singular	*1st person*	*I*	*me*	*my*	*mine*	*myself*
	2nd person	*you*	*you*	*your*	*yours*	*yourself*
	3rd person	*he*	*him*	*his*	*his*	*himself*
		she	*her*	*her*	*hers*	*herself*
		it	*it*	*its*	*its*	*itself*
	deutsch „man"	*one*	*one*	*one's*	—	*oneself*
plural	*1st person*	*we*	*us*	*our*	*ours*	*ourselves*
	2nd person	*you*	*you*	*your*	*yours*	*yourselves*
	3rd person	*they*	*them*	*their*	*theirs*	*themselves*

4 Zahlwort

Was ist ein Zahlwort? Welche Zahlwörter gibt es?

Das Zahlwort bezeichnet meist eine Anzahl oder Menge. Man unterscheidet Grundzahlen *(cardinal numbers)*, Ordnungszahlen *(ordinal numbers)* und Bruchzahlen *(fractions)*.

Grundzahlen

Die Grundzahlen dienen zur Angabe einer Anzahl. Sie können vor einem Nomen oder allein stehen:

Jenna is twelve years old. Her father is forty-one. Robert has got eight candles on his birthday cake, Cathy has got nine.

> **!** Vor den Zahlwörtern *hundred* und *thousand* muss in der Einzahl entweder *a* oder *one* stehen:
>
> *This house is over a hundred years old.*
> *More than one thousand people came to the concert.*
>
> Auch im Plural bekommen *hundred*, *thousand* und *million* kein *s*:
>
> *This book has got eight hundred pages.*
> *What happened in Britain two thousand years ago?*
> *Several million people will watch the football match on TV.*

> **i** Für die Null gibt es im Englischen verschiedene Wörter, die je nach Zusammenhang verwendet werden:
>
> - *oh* für Telefonnummern, Kontonummern, Flugnummern etc.
> - *zero* in Temperaturangaben – *It will be below zero tomorrow.*
> - *nought* (GB)/*zero* (USA) in Rechenaufgaben
> - *nil* für Ergebnisse im Sport – *They won the match by two-nil.*
> - *love* für den Spielstand beim Tennis

Ordnungszahlen

Mit den *ordinal numbers* wird eine Reihenfolge festgelegt, zum Beispiel: *(the) first, fourth, tenth, twentieth, hundredth*.

Regelmäßige Ordnungszahlen werden gebildet, indem die Endung *th* an die Grundzahlen angefügt wird: *four – fourth, seven – seventh, ten – tenth, three hundred – the three hundredth*.

Es gibt folgende Ausnahmen zu dieser Regel:

- Die Ordnungszahlen zu *one*, *two*, *three* sind unregelmäßig: *(the) first, second, third*.
- *ve* am Wortende wird zu *f*: *five – the fifth* (Aussprache [ɪ]), *twelve – the twelfth*.
- *e* und *t* am Wortende entfallen: *nine – ninth, eight – eighth*.
- *y* am Wortende wird zu *ie* (Aussprache [ɪɪ]): *twenty – twentieth, forty – fortieth*.

Schreibt man die Ordnungszahl nicht als Wort, fügt man an die Zahl die letzten beiden Buchstaben an, die manchmal auch hochgestellt werden: *1st person, 2nd year, 3rd week, 5th birthday, 128th Street*.

Die Ordnungszahlen werden benötigt, um das Datum *(date)* anzugeben. Es gibt unterschiedliche Arten, das Datum zu schreiben und zu sagen:

Man schreibt:	Man sagt:
June 1st, 2010/June 1, 2010	*June the first, two thousand and ten*
15th September, 1997	*the fifteenth of September*
15 September(,) 1997	*nineteen ninety-seven*

Bruchzahlen

Als Bruchzahlen dienen in den meisten Fällen die Ordnungszahlen, die in dieser Verwendung zählbar sind und eine Pluralendung bekommen können: *a third, two fifths, three eighths* ...

Für die Hälfte und das Viertel verwendet man *(a) half* und *(a) quarter*. Mengenangaben werden auch hier mit *of* gebildet (↗ Kapitel 1 Nomen, *of*-Genitiv):

Three quarters of the cake are already gone.

I've read a third of the book.

Both halves of the birthday cake have icing on it: chocolate icing on one, strawberry icing on the other.

Bei *half* werden die Artikel nachgestellt:

I was busy half the day.

It took me half a day to get everything ready for the birthday party.

Zur Angabe der Uhrzeit *(time of the day)* können die Brüche *half* und *quarter* ebenfalls benutzt werden. Die Variante in der mittleren Spalte wählt man meist dann, wenn es auf eine ganz genaue Angabe ankommt, z. B. bei Fahrplänen. Die Möglichkeit in der rechten Spalte ist in der Alltagssprache üblicher:

Angabe in Zahlen	Fahrpläne, Stundenpläne, Programme	normaler Alltag	
7:00	*seven*	*seven (o'clock)*	
7:05	*seven oh five*	*five past seven*	*PAST*
7:09	*seven oh nine*	*nine minutes past seven*	
7:15	*seven fifteen*	*quarter past seven*	
7:20	*seven twenty*	*twenty past seven*	
7:24	*seven twenty-four*	*twenty-four minutes past seven*	
7:30	*seven thirty*	*half past seven*	

Half wird im Unterschied zum Deutschen auf die letzte volle Stunde bezogen.

7:32	*seven thirty-two*	*twenty-eight minutes to eight*	*TO*
7:40	*seven forty*	*twenty to eight*	
7:45	*seven forty-five*	*a quarter to eight*	
7:51	*seven fifty-one*	*nine minutes to eight*	
8:00	*eight*	*eight (o'clock)*	

Minutes muss bei Minutenangaben stehen, die nicht durch 5 teilbar sind. Die Abkürzungen *a.m.* (von Mitternacht bis 12 Uhr mittags) und *p.m.* (von zwölf Uhr mittags bis Mitternacht) machen deutlich, um welche Tageshälfte es sich handelt:

7 a.m. = seven o'clock in the morning

7 p.m. = seven o'clock in the evening

5 Adjektiv

Was ist ein Adjektiv?

Mit einem *adjective* kann man die Eigenschaften und Merkmale von Lebewesen, Gegenständen und Abstraktem darstellen: Wie ist jemand oder etwas?

> **!** Anders als im Deutschen wird ein Adjektiv nur in wenigen Ausnahmefällen für die Beschreibung von Zuständen und Vorgängen verwendet. Möchte man eine Tätigkeit oder einen Vorgang genauer darstellen, braucht man im Englischen meistens ein Adverb (↗ Kapitel 6 Adverb).

Wie wird das Adjektiv verwendet?

Adjektiv vor dem Nomen: attributiver Gebrauch

Die meisten englischen Adjektive können im Satz direkt vor dem Nomen stehen, zu dem sie gehören. Sie haben bei Nomen im Singular und im Plural die gleiche Form:

A lot of people have got ***nice pets****. But our neighbours have got a* ***dangerous dog****.*

Adjektiv nach bestimmten Verben: prädikativer Gebrauch

Ebenso können die meisten englischen Adjektive nach bestimmten Verben stehen. Man kann diese Verben in drei Gruppen einteilen:

- Verben, die einen Zustand darstellen: *be* (sein), *keep/remain/stay* (bleiben), *appear/seem* (scheinen)
- Verben, die eine Zustandsveränderung ausdrücken und dem deutschen Verb „werden" entsprechen: *become, get, go, grow, turn*
- Verben der Sinneswahrnehmung: *feel* (sich fühlen), *look* (aussehen), *smell* (riechen), *sound* (klingen), *taste* (schmecken)

Bei diesen Verben bezieht sich das Adjektiv auf das Nomen oder Pronomen und beschreibt dessen Eigenschaft, nicht die Merkmale eines Vorganges:

When I saw it this morning, the dog was peaceful. Then the situation got unpleasant. I felt awful.

Werden diese Verben zur Beschreibung einer Handlung verwendet, haben sie ein Adverb bei sich (↗ Kapitel 6 Adverb). Die Verben haben damit auch eine andere Bedeutung.

The dog looked at me wildly.	Der Hund sah mich wild an.
I felt for the fence quickly.	Ich tastete rasch nach dem Zaun.

Steigerung des Adjektivs

Viele englische Adjektive können gesteigert werden: Neben der Grundform *(basic form)* gibt es einen Komparativ *(comparative form)* und einen Superlativ *(superlative form)*.

Bildung der Steigerungsformen mit den Endungen *er* und *est*

*Our cat Molly is **smaller** than the neighbours' dog. She is also **younger** and **nicer**. I think she is also the **funniest** pet because she can make funny sounds. Molly is the **cleverest** cat, too: She always gets her food when she wants it.*

Mit den Endungen *er* (Komparativ) und *est* (Superlativ) werden gesteigert:

- einsilbige Adjektive: *big, high, large, low, old, small, strong, tall* ...
- zweisilbige Adjektive, die auf *y* enden: *dirty, friendly, happy, healthy, heavy, lucky, noisy* ...
- zweisilbige Adjektive, die auf *er*, *le* und *ow* enden: *clever, gentle, narrow, simple* ...

Man muss auf einige Besonderheiten bei Schreibung und Aussprache achten:

- Wenn ein Adjektiv in der Grundform mit einem stummen *e* endet, entfällt dieses *e* vor den Endungen: *large - larger - largest, rude - ruder - rudest* ...
- Ein *y* am Ende eines Adjektivs wird vor den Endungen *er/est* zu *i*: *happy - happier - happiest, lovely - lovelier - loveliest* ... (Ausnahme: *shy - shyer - shyest*)
- Nach einem kurzen Stammvokal wird der Konsonant am Ende verdoppelt: *big - bigger - biggest, hot - hotter - hottest* ...
- Bei Adjektiven, die in der Grundform auf *ng* enden, hört man im Komparativ und Superlativ deutlich ein zusätzliches [g]: *long - longer - longest, young - younger - youngest* ...

Manche Adjektive haben unregelmäßige Steigerungsformen:

good - better - best, bad - worse - worst

In der Bedeutung „klein" kann *little* kann nicht gesteigert werden. Als Ersatz dienen *smaller - smallest*.

Auch die Indefinitbegleiter *much/many/a lot of* (viel/viele) und *(a) little* (wenig) haben unregelmäßige Steigerungsformen (↗ Kapitel 3 Pronomen und Begleiter):

much - more - most, many/a lot of - more - most, little - less - least

Bildung der Steigerungsformen mit *more* und *most*

*My brother's mice are **more useful** than many other pets: You can use them to keep people outside your bedroom. But otherwise they are the **most boring** animals because you can't really play with them.*

Mit *more* (Komparativ) und *most* (Superlativ) werden gesteigert:

- Adjektive mit drei und mehr Silben: *attractive, beautiful, delicious, expensive, interesting, popular, realistic, similar, terrible, traditional* ...
- zweisilbige Adjektive, die nicht auf *y, er, le* oder *ow* enden: *boring, careful, famous, hopeless, jealous, nervous, stupid, surprised, tired, useful* ...

Sätze mit Vergleichen

Die Steigerungsformen des Adjektivs werden verwendet, wenn man Personen oder Gegenstände miteinander vergleichen will. Für den Vergleich im Satz gibt es Vergleichspartikel, mit denen man die verglichenen Elemente verbinden kann: *than* und *as*.

- Mit *as* drückt man im bejahten Aussagesatz die Gleichheit von zwei Dingen/Personen aus. Nach *as* steht die Grundform des Adjektivs:

  *Our dog is **as fast as** your cat.*
- Mit *than* wird im bejahten Aussagesatz die Verschiedenheit von zwei Dingen/Personen dargestellt. Vor *than* steht ein Komparativ:

  *But my cat is **cleverer than** your dog.*

  *And I think that cats are **more beautiful than** dogs.*

Beide Arten von Vergleichen kann man verneinen:

*Our dog Toby is **not as fast as** your cat. He could never catch her.*
*In my opinion, cats **aren't more beautiful** than dogs.*

> **!** Nach *than* und *as* steht entweder die Objektform der Personalpronomen oder die Subjektform + Verb:
>
> *Look, the cat is even sleepier than me.*
> *Look, the cat is as sleepy as I am.*

Nominalisierung des Adjektivs

Nur einige Adjektive, die für eine ganze Personengruppe gelten, kann man im Englischen wie Nomen verwenden. Sie erhalten kein Plural-s, das dazugehörige Verb steht aber im Plural:

*Unfortunately, some people think: **The English** drink tea all day. **The rich** always count their money. **The young** don't know how to behave. **The disabled** are helpless. Have you ever heard such nonsense?*

Ebenso: *the blind, the homeless, the old, the poor, the unemployed* ...

6 Adverb

Was ist ein Adverb? Wie wird es verwendet?

Von der Wortbedeutung her steht das Adverb „beim Verb“. Es gibt zum Beispiel an, wie eine Handlung ausgeführt wird, wann, wie oft und wo sich ein Geschehen ereignet:

*At Christmas, we **always** sing **cheerfully**.*
*Santa Claus left presents at our house **yesterday**.*
*He **usually** leaves them **upstairs** and puts them into our stockings.*

> **!** Im Deutschen können Adjektive (in adverbialer Funktion) angeben, in welcher Art und Weise eine Handlung ausgeführt wird:
> Sie packte ihr Geschenk glücklich aus.
>
> Im Englischen ist das nicht möglich. Man braucht ein Adverb, um eine Tätigkeit und die Art ihrer Ausführung näher zu kennzeichnen:
> *She unwrapped her present happily.*
>
> Bei Verben, die keine Handlung ausdrücken, sondern einen Zustand, eine Zustandsveränderung oder eine Sinneswahrnehmung, steht ein Adjektiv (↗ Kapitel 5 Adjektiv).

Das Adverb kann, abgesehen vom Verb, auch andere Wörter oder Satzteile genauer bestimmen:

- ein Adjektiv:
  *Last year, our Christmas tree was **particularly beautiful**.* = besonders schön
- ein anderes Adverb:
  *My little sister smiled **very happily** when she saw it.* = sehr glücklich
- einen ganzen Satz:
  ***Amazingly**, she still believes in Santa Claus.* = erstaunlicherweise
- ein Präpositionalgefüge:
  *This is quite unusual, **especially** at her age.* = vor allem in ihrem Alter

Man unterscheidet Adverbien mit unterschiedlicher Bedeutung. Hier die wichtigsten mit Beispielen und ihre Verwendung im Satz:

- ***adverb of manner*** (= Adverb der Art und Weise, Modaladverb): *slowly, quietly, hard, wonderfully, shyly, angrily, suddenly, well, dramatically* …
  The days before Christmas always go by very ***slowly****.*
- ***adverb of place*** (= Adverb des Ortes und der Richtung, Lokaladverb): *here, there, upstairs, outside, back, abroad, outside* …
  In winter, we usually spend a lot of time ***outside*** *and play in the snow.*
- ***adverb of time*** (= Adverb der Zeit, Temporaladverb): *today, then, tomorrow, now, soon, early, already, recently, shortly* …
  We built a snowman ***yesterday*** *and we're going ice-skating* ***tomorrow****.*
- ***adverb of frequency*** (= Adverb der Häufigkeit): *often, sometimes, never, always, regularly, usually, frequently* …
  I ***always*** *wear a scarf and gloves when I go out.*
- ***adverb of degree*** (= Gradadverb, verstärkendes oder abschwächendes Adverb): *very, quite, rather, completely, extremely, hardly, highly* …
  A week ago, it was ***extremely*** *cold – you could* ***hardly*** *breathe!*
- ***linking adverb*** (= verknüpfendes Adverb): *firstly, finally, moreover, however, otherwise, consequently* …
  My sister, ***however****, prefers summer to winter.*
- ***focusing adverb*** (= hervorhebendes Adverb): *only, even, especially, really, too, mainly* …
  But I like ***even*** *arctic temperatures. For me, it's never* ***too*** *cold.*
- ***sentence adverb*** (= kommentierendes Adverb): *unfortunately, luckily, personally, obviously, naturally, probably, honestly* …
  Honestly*, winter is my favourite season.*

Wie sehen Adverbien aus?

Viele Adverbien sind an ihrer Endung *ly* leicht zu erkennen. Andere jedoch haben keine äußeren Merkmale oder dieselbe Form wie Adjektive. Daneben gibt es noch eine kleine Anzahl von Adverbien, die mit und ohne Endung vorkommen, womit aber ein Bedeutungsunterschied verbunden ist.

Adverbien mit der Endung *ly*

Viele Adverbien werden aus Adjektiven gebildet, indem man an das Adjektiv die Endung *ly* anhängt:

Adjektiv		Adverb
nice, sure, active, rude *sad, cold, bad, free* *quiet, poor, soft, certain* *dangerous, famous* *awful, powerful, peaceful*	+ Endung *ly*	*nicely, surely, actively, rudely* *sadly, coldly, badly, freely* *quietly, poorly, softly, certainly* *dangerously, famously* *awfully, powerfully, peacefully*

Einige Besonderheiten in der Schreibung sind zu beachten:

Adjektive auf *ic* *basic, fantastic*	+ *ally*	*basically, fantastically*
Adjektive auf Konsonant + *le* *sensible, gentle, comfortable*	*e* → *y*	*sensibly, gently, comfortably*
Adjektive auf Konsonant + *y* *angry, noisy, lucky, heavy* Ausnahmen: *shy – shyly*, Adjektive auf *ly*: siehe unten	*y* → *i* + *ly*	*angrily, noisily, luckily, heavily*
Adjektive auf *ll* *full, dull*	+ *y*	*fully, dully*
due, true, whole	ohne *e* + *ly*	*duly, truly, wholly*

Das Adverb zu *good* lautet *well*:
My grandma is a good musician. She plays the piano very well.

Adjektive, die auf *ly* enden, können keine zusätzliche Adverbendung mehr bekommen. Um sie wie Adverbien zu verwenden, muss man sie mit in *a ... manner/way* umschreiben:

Mandy can be a silly girl. She often behaves in a silly manner.
Carol is a lovely girl, and she dances in a lovely way.

Das Adjektiv *difficult* kann kein Adverb bilden. Man benutzt stattdessen den Ausdruck *with difficulty*:

Things are difficult for Brendan at the moment: He has hurt his knee and can walk only with difficulty.

Adjektive und Adverbien mit der gleichen Form

Manchmal wird ein Adjektiv auch ohne Endung zum Adverb. Es ändert dabei seine Bedeutung meistens nicht:

	Adjektiv	Adverb
daily	*In the UK, there are a lot of daily newspapers.*	*A lot of people read a newspaper daily.*
early, late	*Journalists often start work in the early morning and have a very late dinner.*	*Most of them start work early and go home late.*
fast	*The police need really fast cars ...*	*... to get to crime scenes fast.*
low	*Can you see the low hills at the horizon?*	*There is a plane flying low over them.*
Ebenso: *weekly, monthly, yearly, wide* (breit; weit), *long, far, close, likely*		

Einen Bedeutungsunterschied gibt es bei den folgenden Paaren:

	als Adjektiv	als Adverb
well	*Jason is well again.* (gesund)	*He did really well in his exam.* (gut)
only	*It was his only chance.* (einzig)	*In fact, he felt better only the day before the exam. But he could hardly eat anything, only some soup.* (erst; nur)

	als Adjektiv	als Adverb
still	*I can hardly keep still.* (still, ruhig)	*I'm still waiting for the results.* (immer noch)

Adverbien, die es mit und ohne Endung gibt

Zu manchen Adjektiven gibt es zwei Adverbien: Eines wird regelmäßig mit der Endung *ly* gebildet. Das andere hat die gleiche Form wie das Adjektiv. Beide Adverbien haben meist völlig verschiedene Bedeutungen:

Adverb = Form des Adjektivs		Adverb = Adjektiv + *ly*	
deep tief	*Jason looked deep into Sally's eyes.*	*deeply* zutiefst	*He's deeply in love with her.*
fair fair	*The team didn't really play fair.*	*fairly* ziemlich	*Some players were fairly aggressive.*
free kostenlos	*With this voucher, you can eat free at Rick's Café and the café next door.*	*freely* frei, ungehindert	*You can move freely from one place to the other all evening.*
hard hart, schwer	*Donna is working hard for her exam.*	*hardly* kaum	*In fact, she hardly sleeps these days.*
late spät	*She often goes to bed very late.*	*lately* in letzter Zeit	*That's why she has been so tired lately.*
wrong falsch	*I think the principal got something wrong.*	*wrongly* zu Unrecht	*He wrongly accused me of cheating in the exam.*
most am meisten	*A holiday by the sea – that's what I like most!*	*mostly* meistens	*We mostly go to Cornwall in the summer.*
near nahe	*Don't go near the pool!*	*nearly* beinahe, fast	*The last time you nearly fell into the water!*
pretty ziemlich	*Karen was pretty unhappy at the party.*	*prettily* hübsch	*All the other girls are dressed much more prettily, she thought.*
Ebenso: *right* richtig – *rightly* zu Recht, *high* hoch – *highly* höchst, *just* erst, gerade – *justly* zu Recht			

In der gesprochenen Umgangssprache werden *quick* und *loud* auch ohne Endung häufig als Adverbien verwendet:

The pupil didn't speak loud/loudly enough.
Caroline opened the letter from her boyfriend quick/quickly.

Stellung von Adverbien und adverbialen Bestimmungen im Satz

Adverbiale Bestimmungen *(adverbials)* bestehen aus mehreren Wörtern, haben aber die gleiche Aufgabe wie Adverbien: Sie geben Auskunft über Ort *(in our town, at home, on the table)*, Zeit *(last week, in the winter, half an hour ago, since Saturday)*, Häufigkeit *(every year, again and again, several times)* sowie Art und Weise *(in a friendly manner, by car, without any problems, with a smile)*.
Es gibt für Adverbien und adverbiale Bestimmungen grundsätzlich drei mögliche Positionen im Satz:

- vor dem Subjekt am Satzanfang *(front position)*
- direkt vor dem Vollverb oder nach *be* als Vollverb *(mid position)*
- am Ende des Satzes *(end position)*

		subject	*auxiliary or main verb "be"*		*main verb*	*other sentence parts*	
possible	*F*	*We*	*don't*	*M*	*wear*	*costumes.*	*E*
position of	*R*	*They*	*were*	*I*		*frightened.*	*N*
adverbs	*O*			*D*			*D*
and adver-	*N*						
bials	*T*						

***Sadly**, we don't **usually** wear Halloween costumes **in Germany**.*
***Of course**, the neighbours were **always** frightened **at Halloween**.*

Aber nicht jedes Adverb oder jede adverbiale Bestimmung kann an jeder Stelle im Satz stehen. Die Grundregeln über die bevorzugte Position der Adverbien und adverbialen Bestimmungen kann man so zusammenfassen:

FRONT POSITION	*MID POSITION*	*END POSITION*
sentence adverbs *linking adverbs*	*adverbs of frequency*	*adverbs of manner* *adverbs of place* *adverbs of time*

Die Sätze in den folgenden Beispielen veranschaulichen diese Grundregeln. Hinzu kommen mögliche Abweichungen und Ausnahmen.

Adverbs and adverbials of manner

*The children knocked **loudly**. Mrs Brown **slowly** opened her door.*

Angaben der Art und Weise stehen fast immer in *end position*. Sind sie weniger betont, können sie auch in die *mid position* gesetzt werden.

Adverbs and adverbials of place

*Two little witches were standing **on the doorstep**. **Behind them**, there were scary monsters and ghosts.*

Ortsangaben stehen normalerweise am Satzende. Sollen sie besonders betont werden, können sie an den Satzanfang gestellt werden.

Adverbs and adverbials of time

*The children didn't visit her **last year**. **Yesterday**, however, they got a lot of candy from her. Fiona and Lenny have **already** eaten most of it.*

In der Regel stehen Zeitangaben in *end position*, bei besonderer Betonung auch in *front position*. Besonders kurze Zeitadverbien wie *now, still, ever, already, soon* nehmen dagegen *mid position* ein.

! Bei mehreren Adverbien und adverbialen Bestimmungen am Satzende gilt immer die Reihenfolge *manner - place - time*. Das kann man sich so merken: Die Anfangsbuchstaben *m-p-t* stehen auch im Alphabet in dieser Reihenfolge. Beispiel:

Dan put a Valentine card ***secretly* | *on Cindy's desk* | *in the morning***.

Bei mehreren Ortsangaben in einem Satz gelten folgende Grundsätze:

- *Direction* (Wohin?) vor *position* (Wo?):
  Cindy walked into the room next to her friend Kelly.
- Die genauere Angabe steht vor der allgemeineren:
  A few days later, Dan and Cindy met in a café in the city centre.
  They met at three o'clock in the afternoon.

Adverbs and adverbials of frequency

American people ***usually*** *have a turkey at Thanksgiving. Luke goes home to Chicago for Thanksgiving* ***most years****. He only had to stay in Seattle* ***twice****.*

Die Häufigkeitsadverbien *always, never, sometimes, usually* stehen in *mid position*. Adverbiale Bestimmungen der Häufigkeit *(every day/week, again and again, a hundred times)* sowie *daily, twice, weekly* stehen am Satzende.

Sentence adverbs, linking adverbs

Hopefully*, Sharon will come home for Christmas this year.* ***However****, she's not sure yet. But she'll try to make it possible,* ***of course****. She'll* ***probably*** *call at the weekend to let us know.*

Mit wenigen Ausnahmen stehen sie immer in *front position*. Die Adverbien *apparently, obviously, possibly, probably* und *surely* findet man meist in *mid position, of course* auch am Satzende.

Adverbs of degree

I'm ***really*** *sorry. I've* ***completely*** *forgotten to write Jane a birthday card.*
Don't worry, ***even*** *she will understand that you're* ***very*** *busy at the moment.*

Diese Adverbien stehen meist unmittelbar vor dem Wort, das sie verstärken oder hervorheben.

Steigerung und Vergleich der Adverbien

Adverbien, die mit der Endung *ly* von Adjektiven abgeleitet sind, werden mit *more* und *most* gesteigert:

As usual, Peter is playing ***more noisily*** *than Pamela. Surprisingly, our cat sleeps* ***most peacefully*** *when the noise level is high.*

Kurze Adverbien sowie Adverbien, die sich nicht von Adjektiven unterscheiden, werden wie Adjektive auf *er* und *est* gesteigert:

We came home ***sooner*** *than expected. Although the babysitter left* ***earlier****, we paid her for the whole evening. Of all the babysitters we've had, she saw* ***fastest*** *what our children like.*

Eine Ausnahme ist *often*: *I think we should go out* ***more often****.*

Unregelmäßige Steigerungsformen haben die Adverbien *well - better - best* und *badly - worse - worst*.

Der Vergleich im Satz funktioniert weitgehend wie beim ↗ Adjektiv:

- *more ... than* für die Ungleichheit:
  Peter is playing more noisily than Pamela.
- *as ... as* für die Gleichheit:
  Look, the dog is sleeping as peacefully as the cat.
- Objektpronomen oder Subjektpronomen + Verb nach *than* und *as*:
  Peter is playing more noisily than her/than she is.

7 Verb

Was ist ein Verb?

Verben sind Wörter für Tätigkeiten/Handlungen, Vorgänge und Zustände. Ohne Verb ist ein Satz niemals vollständig:

- Handlung:

  *Liz often **plays** the guitar. She'**s practising** a new song now. Her mother **is listening** and **singing** along.*
- Vorgang:

  *Outside it'**s growing** dark.*
- Zustand:

  *The music **sounds** cheerful. It **is** a popular tune.*

Infinitiv, *ing*-Form und Partizip Perfekt

Verben haben eine Grundform, den *infinitive*. Oft kann man den Infinitiv nur am vorangestellten ***to*** erkennen: *to play, to listen, to sing, to be* ...
Andere Formen des Infinitivs, seine Verwendung nach bestimmten Verben und in verschiedenen Konstruktionen: ↗ Kapitel 10 Infinite Konstruktionen.

Neben dem Infinitiv gibt es noch weitere infinite Verbformen, die für sich genommen nichts über Person, Numerus oder Tempus aussagen: die *ing*-Form und das Partizip Perfekt *(past participle)*.
Die *ing*-Form bildet man bei vielen Verben aus dem Infinitiv + *ing*: *reading, buying, going, sleeping, feeling, watching*.
Nach kurzem, betontem Stammvokal wird ein einzelner Konsonant am Wortende vor der Endung *ing* verdoppelt: *getting, shopping, winning*.
Ein stilles *e* am Wortende entfällt vor *ing*: *drive – driving, have – having*.
Die Buchstaben *ie* am Wortende werden vor *ing* zu *y*: *die – dying, lie – lying*.

Ein regelmäßiges Partizip Perfekt hat die gleiche Form wie das *simple past*: *talked, washed, stopped, jogged, liked, promised, hurried, carried*. Zu den unregelmäßigen Partizipien: ↗ Unregelmäßige Verben.

Welche Arten von Verben gibt es?

Vollverb

Viele Verben können im Satz die Funktion des Prädikats allein, also „voll" übernehmen. Sie heißen deshalb Vollverben *(main verbs)*:

> *Susanne **visits** her cousin Linda in Boston every year. Last year, they **went** to New York together.*

Hilfsverb

Es gibt Verben, die den Vollverben helfen: die Hilfsverben (*auxiliary verbs* oder kurz *auxiliaries*). Im Englischen gibt es die Hilfsverben *be*, *do* und *have*, die manchmal auch zusammenarbeiten müssen, um eine Tempusform zu bilden (Details ↗ Verschiedene Zeiten: Tempora der Gegenwart und Vergangenheit):

	auxiliary verb(s)	*main verb*
I	*am*	*thinking*
you	*have*	*laughed*
he	*has been*	*sleeping*
they	*hadn't been*	*seen*
one	*doesn't*	*burp*

Verben, die Vollverb und Hilfsverb sein können: *be, do, have, need*

Die Verben *be, do, have* und *need* können Vollverb oder Hilfsverb sein. Als Vollverben haben sie eine eigene Bedeutung: *Susanne **is*** (ist) *in Boston. She **has*** (verbringt) *a great time. Every morning, she **has** breakfast* (frühstückt) *with her cousin and then she **does*** (macht) *a language course. Sometimes, she **needs*** (braucht) *help with English.*

Als Hilfsverben haben sie keine eigene Bedeutung, nur eine grammatische Funktion. Die folgenden Beispiele zeigen, dass die Vollverben allein für einen korrekten Satz ausreichen:

> *Today, she **is visiting** a museum. She often **visits** museums. She **has** already **walked** along the waterfront. Susanne often **walks** in the city. She **likes** its historic buildings, but she **doesn't like** the crowds there. Today she's lucky: She **needn't wait** long to get into Trinity Church. Often, a lot of people **wait** in front of the entrance.*

Die Verben *be* und *have* haben verkürzte Formen, sogenannte *short forms*, die man in der gesprochenen Sprache und in alltagssprachlichen Texten (z. B. persönliche Briefen, Tagebucheinträgen) findet.

	long forms	*short forms*	*negation* (Verneinung)	
			long forms	*short forms*
be	*I am*	*I'm*	*I am not*	*I'm not*
	you are	*you're*	*you are not*	*you aren't*
	he/she/it is	*he's, she's, it's*	*he/she/it is not*	*he/she/it isn't*
	we are	*we're*	*we are not*	*we aren't*
	you are	*you're*	*you are not*	*you aren't*
	they are	*they're*	*they are not*	*they aren't*
past participle: been				

	long forms	*short forms*	*negation* (Verneinung)	
			long forms	*short forms*
have	*I have*	*I've*	*I have not*	*I haven't*
	you have	*you've*	*you have not*	*you haven't*
	he/she/ it has	*he's, she's, it's*	*he/she/ it has not*	*he/she/ it hasn't*
	we have	*we've*	*we have not*	*we haven't*
	you have	*you've*	*you have not*	*you haven't*
	they have	*they've*	*they have not*	*they haven't*
past participle: had				

> **!** Die Kurzform findet man nicht nur bei Pronomen, sondern auch bei Nomen und Eigennamen:
>
> *Sarah's visiting her aunt. Her sister's written her a letter.*
> *Sarah is visiting her aunt. Her sister has written her a letter.*
>
> Nicht mit dem Genitiv verwechseln! Wichtig ist außerdem, dass *'s* für *is* oder *has* stehen kann.

Genaueres zur Verwendung der Hilfsverben: ↗ Modalverben, ↗ Verschiedene Zeiten, ↗ Die Zukunft, ↗ Passiv

Das Vollverb *be*

New York is in the USA. Is York an American city, too? – No, it isn't. It's in the UK, in England. Where is our atlas? I'll show you. – I can't find it. It's gone. – Wasn't it on the shelf an hour ago?

Das Vollverb *have*

Mit dem Vollverb *have* kann man Besitz und Zugehörigkeit ausdrücken. Es braucht dann in Fragen und Verneinungen ein Hilfsverb. In der Verlaufsform kommt es in dieser Bedeutung nicht vor:

I had a great walking holiday in Scotland last summer. – Did you have a holiday cottage there? – No, I didn't. I had private accommodation. – Oh, how nice. Do you have any relatives in Scotland? – No, I don't. My father has some friends near Edinburgh, but he doesn't have any family there.

Im gesprochenen britischen Englisch wird in dieser Bedeutung im *present tense* meist *have got* verwendet (mit *have* als Hilfsverb):

Have you got any relatives in Scotland? – No, I haven't. My father has got some friends near Edinburgh, but he hasn't got any family there.

Modalverben *(can, must, may ...)*

Die Modalverben *(modal auxiliaries)* sind eine besondere Art von Hilfsverben. Sie verändern die gesamte Bedeutung einer Aussage:

	can		Erlaubnis
Gary	*must*	*leave now.*	Pflicht
	mustn't		Verbot

Es gibt folgende Modalverben: *can, could, may, might, must, needn't, ought to, shall, should, will, would*

Bei den Formen ist Folgendes zu beachten:

- Nur zwei Modalverben können eine Kurzform haben: *will – 'll, would – 'd*.
- Die Verneinung von *will* lautet in der Kurzform *won't*.
- Die Verneinung von *can* ist *can't* oder *cannot*.

Bei der Verneinung und in Fragen funktionieren sie wie andere Hilfsverben (↗ 8 Der Satz): *I can't see you. – Can you hear me? – Yes, I can. You needn't shout.*

Bedeutung der Modalverben

Man kann die Modalverben in verschiedene Gruppen einteilen, je nachdem, was man ausdrücken möchte. Die wichtigsten davon sind:

	Was ein Modalverb ausdrücken kann:	Welches Modalverb das kann:	deutsche Bedeutung
1	Fähigkeit oder Unfähigkeit	*can, can't, could, couldn't*	(nicht) können
2	Erlaubnis oder Verbot	*can, may; can't, may not, mustn't*	(nicht) können, (nicht) dürfen
3	Pflicht, Notwendigkeit	*must*	müssen
4	Zugeständnis (jdm. eine Pflicht erlassen)	*needn't*	nicht brauchen, nicht müssen
5	Ratschlag, Empfehlung; Tadel	*should, ought to, must; shouldn't, oughtn't to*	sollen, müssen; nicht sollen
6	Vermutung, Möglichkeit	*can't, could, may, might, must, should, will, would*	↗ Beispiele 6, S. 53
7	Bitte	*can, could, will, would*	↗ Beispiele 7 bis 10, S. 54
8	Angebot, Vorschlag	*can, could, may, shall*	
9	typisches Verhalten	*will, would*	
10	dauerhafte Weigerung	*won't, wouldn't*	

Erläuterungen und Beispiele:

1 Wird *could/couldn't* für eine Fähigkeit in der Vergangenheit verwendet, muss dies im Satz mit einer Zeitangabe deutlich gemacht werden.

Liz can speak Chinese now, but she still can't write it. A year ago, she could only say "Good morning" in Chinese, but she couldn't really talk.

2 Mit *can/may* kann der Sprecher um Erlaubnis bitten und sie erteilen oder verweigern. In der Frage ist *may* etwas höflicher als *can, may not* ist förmlicher als *can't*. Ein Verbot kann auch mit *mustn't* ausgedrückt werden.

Can/May we buy some sweets, Mum? – Of course you can't/may not buy anything now. You mustn't spend so much money on sweets.

3 *I really must tidy up my room today. It looks like a pigsty.*

4 *You needn't help me with the dishes, Joel. Go and play with your friends.*

! Wenn jemand zu etwas verpflichtet ist (oder sich dazu verpflichtet fühlt), benutzt man *must*. Das Gegenteil davon ist aber *needn't*: Es besteht keine Pflicht, etwas zu tun. Das darf man auf keinen Fall mit *mustn't* verwechseln:

You needn't read this boring book.
Du brauchst dieses langweilige Buch nicht zu lesen.
You mustn't watch violent films.
Du darfst keine Gewaltfilme anschauen.

5 Auch mit *must* können Ratschläge und Empfehlungen erteilt werden. Anders als bei *should/ought to* handelt es sich aber eher um eine persönliche Empfehlung, weniger um einen objektiven Rat. Sätze mit *shouldn't* und *oughtn't to* enthalten oft einen Tadel. Mit dem *perfect infinitive* bezieht sich der Tadel auf etwas, was in der Vergangenheit (nicht) getan wurde.

This cough sounds terrible. You should/ought to see a doctor.
This novel is fantastic. You simply must read it.
Harry, you shouldn't drink so much. And you shouldn't have been so rude.

6 Mit *must, can't, will, would, should, could, may, might* kann der Sprecher eine Vermutung ausdrücken. Die Wahrscheinlichkeit ist nicht bei jedem Modalverb gleich:

must → can't →	*will → would → should →*	*could → may →*	*might*
ziemlich sicher	wahrscheinlich	möglich	fraglich
„muss“	„wird“; „wird wohl“	„kann“	„könnte“

This parcel arrived in the post today. It may be from Uncle George. – He must have sent it, I think it's his handwriting on the address label.
There's someone at the door. – It can't be Sue, she's still at work.

7 Bitten mit *could* und *would* sind etwas höflicher als mit *can* und *will*. Sie haben immer die Form einer Frage.

Can/Could you open the window, please? Will/Would you stop smoking, please? (Können/Könnten Sie ...? Würden Sie ...?)

8 Angebote und Vorschläge machen kann man mit *may* und *shall* (beides in diesem Sinn nur in Fragen) und mit *can/could*, wobei *could* etwas vorsichtiger und zurückhaltender klingt.

May I help you, madam? I can/could get you the right size. (kann/könnte) – *Shall I carry the bags for you?* (soll)

9 *Will* und *would* können ein typisches, immer wiederkehrendes Verhalten in der Gegenwart bzw. der Vergangenheit beschreiben. Im Deutschen müsste man dies adverbial ausdrücken („immer", „andauernd").

The elderly lady next door will look out of the window for hours. – I think she's lonely. Grandma would do that, too, when grandpa had died.

10 Wenn jemand oder etwas sich dauerhaft weigert, etwas zu tun, kann man dafür *won't* verwenden. Für die Vergangenheit nimmt man *wouldn't*.

The drawer is (was) stuck. It won't (wouldn't) open. And Dan won't (wouldn't) help me with it.

Die Schublade klemmt (klemmte). Sie geht (ging) einfach nicht auf. Und Dan will (wollte) mir dabei einfach nicht helfen.

Ersatzformen für die Modalverben

Es gibt Modalverben (fast) nur im Präsens. Deshalb benutzt man andere Ausdrücke, wenn man über eine Erlaubnis etc. in der Vergangenheit oder in der Zukunft sprechen will.

- Fähigkeit und Unfähigkeit: *be able to*

  Statt *can/can't* verwendet man im *simple past* die Formen *could/couldn't* oder eine dieser Formen:

simple present	*simple past*	*present perfect*	*future*
am, is, are; am not, isn't, aren't	*was, were; wasn't, weren't*	*have been, has been; haven't been, hasn't been*	*will be; won't be*
able to + infinitive			

My little brother wasn't able to ride his bike a year ago, but now he's quite good at it. Next year, he'll be able to go to school by bike.

Man kann *be able to* auch im Präsens verwenden, wenn man besonders betonen möchte, wozu jemand (nicht) in der Lage ist:

"I can't believe it! I'm not able to read the small print without my reading glasses," grandma cried.

- Erlaubnis und Verbot: *be allowed to*

Statt *can, may; can't, may not, mustn't* verwendet man eine dieser Formen:

simple present	*simple past*	*present perfect*	*future*
am, is, are; am not, isn't, aren't	*was, were; wasn't, weren't*	*have been, has been; haven't been, hasn't been*	*will be; won't be*
allowed to + infinitive			

Jenny wasn't allowed to go on holiday with her friends last summer. But next year, she'll be allowed to travel without her parents.

- Pflicht und Notwendigkeit: *have to*

Statt *must* verwendet man eine dieser Formen:

simple present	*simple past*	*present perfect*	*future*
have, has; don't have, doesn't have	*had; didn't have*	*have had, has had; haven't had, hasn't had*	*will have; won't have*
to + infinitive			

Mary didn't have to go to bed early during the holidays, but next week school starts again and she'll have to get up early.

i

Auf Deutsch kann man sagen: *Ich möchte Klavier spielen können. – Es ist schön, ein Instrument spielen zu können.* Da die englischen Modalverben aber keinen Infinitiv haben, können sie auch nicht auf diese Weise an andere Verben angeschlossen werden. Man braucht dafür den Infinitiv der Ersatzform:

I'd like to be able to play the piano.

It's nice to be able to play an instrument.

↗ Kapitel 10 Infinite Konstruktionen

Verben mit (zwei) Objekt(en)

Manche Verben können neben dem Subjekt ein Objekt haben oder brauchen es sogar, damit ein vollständiger Satz entsteht:

*The children were playing **a game** when they saw **a stranger** in the garden. They told **their mother** and showed **her the exact spot**. Then they also described **him** to **her**. She listened **to them** attentively.*

Man unterscheidet verschiedene Objekte:

	direktes Objekt *direct object*	indirektes Objekt *indirect object*	Präpositionalobjekt *prepositional object*
im Deutschen	Akkusativobjekt (Wen oder was?)	Dativobjekt (Wem?)	Präpositionalobjekt
Beispiele	*a game; him; a stranger; the exact spot*	*their mother; her*	*to them*
Bemerkung		fast immer eine Person; muss bei einigen Verben mit *to* angeschlossen werden	
weitere Verben	*do, buy, find, learn, bring, take, prepare, share, know something/someone*	*send, give, pass, show, allow, offer, tell, sell, bring, promise, teach, write someone something; describe, explain, propose, suggest, mention, admit something to someone*	*wait for, shout at, look after, listen to someone; put on, decide on, look for, compare with something*

Kommen in einem Satz ein direktes und ein indirektes Objekt vor, ist ihre Reihenfolge genau festgelegt. Die normale Wortstellung ist:

subject	*verb*	*indirect object*	*direct object*
They	*told*	*the police*	*everything.*
Their mother	*made*	*the officers*	*some coffee.*

Von dieser Wortstellung weicht man in einigen Fällen ab:

	subject	*verb*	*direct object*	*to + indirect object*
Betonung des indirekten Objekts	*They*	*told*	*the story*	*to the police.*
sehr langes indirektes Objekt	*They*	*told*	*the story*	*to the policemen who had come to the house quickly.*
direktes Objekt in Form eines Personalpronomens	*They* *She*	*told* *offered*	*it* *it*	*to the police.* *to the officers.*
Verben, an die das indirekte Objekt mit *to* angeschlossen werden muss	*They* *They*	*reported* *described*	*the incident* *the man*	*to the police.* *to them.*

Bei den Verben *make, get, order, find, fetch* und *buy* wird ein betontes indirektes Objekt mit *for* angeschlossen:

She made the officers some coffee.
She made some coffee ***for the officers****.*
Lilly fetched the others some milk.
Lilly fetched some milk ***for the others****.*

Reflexive Verben

Im Englischen gibt es nur wenige Verben, die immer ein Reflexivpronomen bei sich haben müssen. Dabei handelt es sich um Verben aus der gehobenen Sprache:

The principal ***prides herself*** *on* (ist stolz darauf) *knowing each student. – Students mustn't* ***absent themselves*** (sich entfernen) *from school.*

Meist können Verben, die reflexiv verwendet werden können, auch ein Objekt haben:

The mother first ***dressed herself****, then she* ***dressed her son/him****.*

Es gibt Verben, die mit oder ohne Reflexivpronomen gebraucht werden können:

First, her son ***hid himself*** *under the bed. He often* ***hides*** *from his mother.*

Reflexive Verben sind im Englischen viel seltener als im Deutschen. Daher haben Verben, die im Deutschen reflexiv sind, im Englischen meistens kein Pronomen mit *-self/-selves* bei sich:

The student complained: "I can't concentrate!" – "Relax, then you'll feel better," the teacher answered.

„Ich kann mich nicht konzentrieren", beklagte sich der Schüler. „Entspann dich, dann fühlst du dich gleich besser", anwortete der Lehrer.

Folgende Verben sind im Deutschen reflexiv, im Englischen aber nicht:

Englisch	Deutsch	Englisch	Deutsch
afford	sich leisten	*look forward to*	sich freuen auf
apologize	sich entschuldigen	*meet*	sich treffen
argue	sich streiten	*move*	sich bewegen
behave	sich benehmen	*open*	sich öffnen
borrow sth.	sich etw. ausleihen	*prepare*	sich vorbereiten
change	sich ändern	*recover*	sich erholen
complain	sich beklagen	*relax*	sich entspannen
concentrate	sich konzentrieren	*rely on*	sich verlassen auf
decide	sich entscheiden	*remember*	sich erinnern
feel	sich fühlen	*sit down*	sich setzen
hurry (up)	sich beeilen	*turn to*	sich wenden an
imagine sth.	sich etw. vorstellen	*wonder*	sich fragen
improve	sich verbessern	*worry*	sich Sorgen machen
lie down	sich hinlegen		

↗ Kapitel 3 Reflexivpronomen

Einfache Form und Verlaufsform

In Ireland, it ***rains*** *quite often. – Today, it* ***is raining*** *really hard.*
Last year, it ***didn't rain*** *so much. At least, it* ***wasn't raining*** *while we were on a bike tour in the west of the island.*

Jedes Tempus gibt es im Englischen in der einfachen Form *(simple form)* und in der Verlaufsform *(progressive form)*. Ein Prädikat im *progressive* enthält immer eine *ing*-Form. Mit der *progressive form* kennzeichnet man ein Geschehen, ein Ereignis oder eine Tätigkeit als

- zu einem bestimmten Zeitpunkt gerade im Verlauf und daher nicht beendet:
  ... it is raining really hard.
- insgesamt von begrenzter Dauer:
  Today ...; ... while we were on a bike tour.

Nicht alle Verben können die *progressive form* bilden. Man unterscheidet:

Verben, die eine *progressive form* bilden können	Verben, bei denen die *progressive form* nicht möglich ist
• Tätigkeitsverben: *walk, hike, ride, listen, swim, get up, travel, fly, build, cut, buy, drive, clean, cook, write* • Vorgangsverben: *become, get, grow, change, rain, snow, shine, disappear*	• Zustandsverben: *be, have* (haben), *own, contain, belong to, seem, sound, look* (aussehen) • Verben der Sinneswahrnehmung: *feel, hear, notice, see, smell* • Verben, die Wissen, Meinungen, Wünsche und Gefühle ausdrücken: *know, remember, forget, believe, think, want, hope, like, love, prefer, hate ...*

! Manche Verben haben zwei unterschiedliche Bedeutungen:

Silk feels very smooth. (sich anfühlen)	*feel*	*She was feeling for a chair.* (tasten nach)
I think I know this man. (meinen, glauben)	*think*	*I've been thinking about his name.* (nachdenken)
You look tired. (aussehen)	*look*	*I've been looking at the computer screen all day.* (schauen)

schmecken	*taste*	kosten, probieren
riechen	*smell*	schnuppern (an)
raten	*guess*	annehmen, glauben

Verschiedene Zeiten: Tempora der Gegenwart und der Vergangenheit

Wie bildet und verwendet man das *simple present*?

*Lynn and her brother Rick always **get** up at 7 o'clock. First, Lynn **feeds** the dog, and then the children **make** breakfast for everybody. After breakfast, Rick **brushes** his teeth. Rick usually **carries** Lynn's bag to the bus stop because she often **helps** him with his homework.*

Mit einer Ausnahme entsprechen die Formen des *simple present* dem Infinitiv der Verben. In der 3. Person Singular wird dem Infinitiv ein *s* hinzugefügt:

I, you, we, you, they	*he, she, it*
simple present = Infinitiv	*simple present* = Infinitiv + *s*
read, put, make, stay	*reads, puts, makes, stays*

Es gibt Besonderheiten in der Schreibung der Formen der 3. Person Singular:

Infinitiv + *es* nach Zischlauten [s, z, ʃ, dʒ, tʃ]	*y* nach Konsonant wird zu *ie*	Infinitiv + *es* bei Verben, die auf *o* enden
pushes, misses, catches	*carries, worries, flies*	*does, goes, vetoes*

Die Aussprache der Formen der 3. Person Singular entspricht der Aussprache der Pluralendung beim Nomen (↗ Kapitel 1 Nomen):

[s]	[z]	[ɪz]	Ausnahmen
puts, makes, jumps, laughs	*loves, sings, hears, plays, comes, finds*	*teaches, misses, pushes, loses*	*says* [sez] *does* [dʌz]

Für die Verneinung wird *don't/doesn't* benutzt:

	Hilfsverb *do* + Verneinung	Infinitiv
I, you, we, they	*do not/don't*	*eat, sleep, play, talk,*
he, she, it	*does not/doesn't*	*call, go, ask, see, fly*

Auch Fragen werden mit *do* – und *does* für die 3. Person Singular – gebildet:

Fragewort	Hilfsverb	Subjekt	Vollverb (Infinitiv)	restliche Satzglieder
	Do	*the children*	*do*	*their homework alone?*
	Does	*Lynn's mum*	*come*	*home at 5 o'clock?*
Where	*do*	*Lynn and Rick*	*play*	*with their friends?*
When	*does*	*Rick*	*go*	*to bed?*

! In der 3. Person Singular des *simple present* wird nur ein *s* benötigt:

- entweder am Vollverb in bejahten Aussagesätzen:

  She loves dogs.
- oder am Hilfsverb bei der Verneinung und in Fragen:

  Does she love cats? – She doesn't love cats.

aber niemals zweimal!

Das *simple present* wird verwendet für:

- allgemeingültige Tatsachen:

  The earth turns around the sun. – Children like sweets. – A lot of birds eat insects. – The River Thames flows into the North Sea.
- Handlungen, die regelmäßig wiederholt werden; die Sätze enthalten meist Häufigkeitsangaben wie *always, usually, sometimes, often, never, every Saturday/week/year*:

  School always starts at half past eight. – The children never go to school on Sundays. – Lynn usually takes the dog for a walk in the afternoon.
- Ereignisse, die nacheinander passieren, oder Handlungsschritte, die nacheinander durchgeführt werden. Oft wird eine solche Handlungskette gekennzeichnet von *first, then, after that, finally*:

  Lynn wants to make pancakes. First, she puts flour into a bowl. Then she adds milk and eggs. She stirs everything and then fries the pancakes. Finally, Rick and Lynn eat them with sugar and jam.

Auch in Textzusammenfassungen, Interpretationen und Kommentaren zu (literarischen) Texten wird das *simple present* verwendet:

Romeo kills himself because he thinks that Juliet is dead.
The newspaper article reports a serious increase in air pollution.

Wie bildet und verwendet man das *present progressive*?

*In the garden: Look, Lynn **is lying** on the grass. She**'s reading**. Her mother and Rick **are playing** with the dog. There are birds, too. They**'re singing**. They're lucky: It **isn't raining** and the neihgbour's dogs **aren't barking**.*

Das *present progressive* setzt sich zusammen aus der Personalfom von *be* und der *ing*-Form:

	I	*you*	*he/she/it*	*we*	*you*	*they*
Hilfsverb *be*	*am/'m*	*are/'re*	*is/'s*	*are/'re*	*are/'re*	*are/'re*
ing-Form	*playing*					

Bei der Verneinung wird das Hilfsverb, also die Form von *be*, verneint:

I am not *I'm not*	*you are not* *you aren't*	*he is not* *he isn't*	*we are not* *we aren't*	*you are not* *you aren't*	*they are not* *they aren't*
playing					

Zur Bildung von Fragen wird das Hilfsverb *(be)* vor das Subjekt geschoben:

Fragewort	Hilfsverb	Subjekt	Vollverb	restliche Satzglieder
	Is	*Lynn*	*reading*	*a good book?*
Why	*is*	*Rick*	*laughing*	*so loud?*

Das *present progressive* wird verwendet, wenn sich ein Geschehen zum Zeitpunkt des Sprechens gerade ereignet und noch nicht abgeschlossen ist. Oft wird dieser Zeitpunkt verdeutlicht mit *(right) now* oder *at the moment*:

We must phone grandma. – Rick is calling her right now.

Ein Geschehen kann sich über einen längeren Zeitraum erstrecken *(this week/ month/year ...)*, wenn es insgesamt zeitlich begrenzt ist:

This summer, Rick's father is training for the London Marathon.

Wie bildet und verwendet man das *simple past*?

*Last summer, the Clarks **visited** their friends in Germany. They **enjoyed** their holiday a lot. Rick especially **liked** the food.*

Man bildet die regelmäßigen Formen des *simple past* mit der Endung *ed*:

regular forms			
Infinitiv + *ed*	nach kurzem betontem Stammvokal wird ein einzelner Konsonant am Wortende vor *ed* verdoppelt	stilles *e* am Wortende entfällt vor *ed*	*y* nach Konsonant wird vor *ed* zu *i*
talked, washed, stayed, pulled, jumped	*stopped, grabbed, jogged*	*liked, promised, escaped*	*hurried, carried, cried*

Bei der Aussprache dieser Formen ist Folgendes zu beachten:

[t] nach den stimmlosen Konsonanten [p, k, f, s, ʃ, tʃ]	[d] nach stimmhaften Konsonanten wie [b, g, l, m, n, v, ʒ, dʒ] und nach Vokalen	[ɪd] nach [d] und [t]
jumped, asked, laughed, missed, brushed, matched	*grabbed, jogged, called, seemed, cleaned, believed, changed, hurried, allowed*	*boarded, decided, needed, acted, hated, started*

Dazu kommen zahlreiche unregelmäßige Verben: *do - did, feel - felt, break - broke, buy - bought, pay - paid, run - ran, find - found, take - took* ... (↗ Liste der unregelmäßige Verben ab Seite 116).

Das *simple past* ist bei regelmäßigen wie bei unregelmäßigen Verben für alle Personen im Singular und Plural gleich. Eine Ausnahme ist das Verb *be*, das für 1. und 3. Person Singular eine eigene Form hat:

past: be	*I*	*you*	*he, she, it*	*we*	*you*	*they*
	was	*were*	*was*	*were*	*were*	*were*

Für die Verneinung wird in allen Personen *didn't* benutzt:

	Hilfsverb *did* + Verneinung	Infinitiv
I, you, he, she, it we, you, they	*did not/didn't*	*eat, sleep, play, talk, call, go, ask, see, fly*

Fragen werden ebenfalls mit dem Hilfsverb *did* gebildet:

Fragewort	Hilfsverb	Subjekt	Vollverb (Infinitiv)	restliche Satzglieder
	Did	*they*	*eat*	*a lot of German food?*
Who	*did*	*Rick*	*meet*	*in Munich?*

! Auch im *past tense* braucht *be* kein Hilfsverb zur Verneinung und in Fragen:

I wasn't at home last week. – Where were you? Were you on holiday?

Das *simple past* wird verwendet für Ereignisse, die eindeutig der Vergangenheit angehören und beendet sind. Der Zeitpunkt des Geschehens wird häufig mit Zeitangaben verdeutlicht. Typische Zeitangaben sind *yesterday, last Monday/week/month/year, in 1998, an hour/a week/two years ago, then, once*.
Das *simple past* findet man üblicherweise in Erzähltexten und Berichten, da es auch für Handlungsketten in der Vergangenheit benutzt wird:

On the plane, Lynn first read a newspaper, watched the movie and had something to eat. Then she slept for a few hours.

i In einer Frage mit *when* und der Antwort darauf steht immer das *simple past*, da die Rede von einem Zeitpunkt in der Vergangenheit ist:

When did they fly to Germany? – They left last weekend.

Wie bildet und verwendet man das *past progressive*?

*While they **were waiting** for their plane to leave, Rick met someone from school. He **was** still **talking** to the girl, when the flight was finally called. Lynn **wasn't** really **listening**, but she could tell he liked her a lot.*

Man bildet das *past progressive* aus zwei Elementen:

	I	*you*	*he, she, it*	*we*	*you*	*they*
Hilfsverb *be* im *past*	*was*	*were*	*was*	*were*	*were*	*were*
ing-Form	*reading*					

Wie bei allen anderen Tempusformen wird das Hilfsverb *be* verneint:

I was not *I wasn't*	*you were not* *you weren't*	*he was not* *he wasn't*	*we were not* *we weren't*	*you were not* *you weren't*	*they were not* *they weren't*
reading					

Wie beim *present progressive* wird in Fragen das Hilfsverb *be* vorangestellt:

Fragewort	Hilfsverb	Subjekt	Vollverb	restliche Satzglieder
	Was	*Lynn*	*reading*	*a good book?*
When	*were*	*the passengers*	*sleeping?*	

Ein einzelnes, plötzlich einsetzendes Ereignis in der Vergangenheit steht im *simple past*:

The captain announced a thunderstorm.

Das *past progressive* bildet dafür die Hintergrundhandlung, die bereits vorher begonnen hat und zum Zeitpunkt des neuen Ereignisses andauert:

Most of the passengers were sleeping.

Häufig werden die beiden Sachverhalte mit den Konjunktionen *while* (mit der *progressive form*) und *when* (mit der *simple form*) verbunden:

Most of the passengers were sleeping when the captain announced a thunderstorm. – While the captain was talking to the passengers, a baby started crying.

Das *past progressive* zeigt auch, dass zu einem bestimmten Zeitpunkt mehrere Dinge gleichzeitig abliefen:

After the storm everything was quiet again: Lynn was reading her book, some passengers were watching the movie, others were listening to the music, and a few people were sleeping peacefully.

Wie bildet und verwendet man das *present perfect*?

Lynn and her family are going on holiday: She ***has packed*** *her bag, she* ***has taken*** *a shower, and she* ***has*** *just* ***called*** *grandma to say goodbye. It's almost time now to leave for the airport, but Rick* ***hasn't finished*** *packing yet. Mum and dad* ***have been*** *in the living room for quite a while: They* ***haven't decided*** *yet which camera to take: his old camera or her new one.*

Das *present perfect* besteht aus *have/has* und dem *past participle*:

	I	*you*	*he, she, it*	*we*	*you*	*they*
Hilfsverb *have*	*have/'ve*	*have/'ve*	*has/'s*	*have/'ve*	*have/'ve*	*have/'ve*
past participle	*started*					

Verneint werden Sätze im *present perfect* mit *haven't/hasn't*:

	Hilfsverb *have* + Verneinung	*past participle*
I, you, we, you, they	*have not/haven't*	*called, arrived, left, finished*
he, she, it	*has not/hasn't*	

In Fragen haben die Satzglieder die übliche Reihenfolge:

Fragewort	Hilfsverb	Subjekt	Vollverb	restliche Satzglieder
	Has	*Lynn*	*found*	*her sunglasses?*
Why	*haven't*	*they*	*called*	*a taxi yet?*

Das *present perfect*

- wird vor allem verwendet für Handlungen, die eine Auswirkung auf die Gegenwart haben, deren Ergebnis sichtbar oder spürbar ist:

  She has packed her bag.

  Man kann die fertig gepackte Tasche sehen.

  Dies gilt auch für Dinge, die noch nicht geschehen sind, deren Resultat also noch fehlt:

  Has Lynn found her sunglasses?

  They haven't decided yet which camera to take.

- steht für Zustände, die bis in die Gegenwart andauern:

  Mum and dad have been in the living room for quite a while.

  Dies gilt vor allem für Verben, die keine *progressive form* bilden können.

Eine Reihe von Adverbien und adverbialen Bestimmungen sind typisch für das *present perfect*: *already, not ... yet, so far, since yesterday/last week/2005, for an hour/a week/two days/three years, just, all day long*.

! Zum Unterschied bei der Verwendung von *for* und *since*:

for mit Zeiträumen:

for hours, for a week, for two days, for three years, for quite a while, for ages, for months

since mit Zeitpunkten in der Vergangenheit:

since yesterday, since last week, since 2005, since then, since Sunday, since October

! Wenn im Englischen das *present perfect* steht, benutzt man im Deutschen häufig das Präsens, oft mit dem Adverb „schon“:

They have been in the living room for quite a while.

Sie sind schon seit einer Weile im Wohnzimmer.

The Clarks have known their German friends for years.

Die Clarks kennen ihre deutschen Freunde (schon) seit Jahren.

Dies gilt auch beim *present perfect progressive*:

They have been sitting in the living room for quite a while

Sie sitzen schon seit einer Weile im Wohnzimmer.

Wie bildet und verwendet man das *present perfect progressive*?

*Lynn **has been looking** forward to the trip for months. Her parents **have been planning** it since January.*

So bildet man das *present perfect progressive*, die Verneinung und Fragen:

	I	*you*	*he, she, it*	*we*	*you*	*they*
Hilfsverb *have*	*have/'ve*	*have/'ve*	*has/'s*	*have/'ve*	*have/'ve*	*have/'ve*
been	*been*					
ing-Form	*reading*					

I haven't been	*you haven't been*	*he hasn't been*	*we haven't been*	*you haven't been*	*they haven't been*
sleeping					

Fragewort	Hilfsverb	Subjekt	*been* + Vollverb	restliche Satzglieder
How long	*has*	*Lynn*	*been looking*	*for her sunglasses?*

Das *present perfect progressive* betont, dass eine Tätigkeit, die in der Vergangenheit begonnen hat, bis in die Gegenwart andauert – und noch weitergehen kann:

The Clarks' plane is late. The Müllers have been waiting at the airport for two hours.

Sie warten schon seit zwei Stunden, und die Wartezeit kann noch länger andauern.

Da Dauer und Verlauf dieser Handlung betont werden, sind Zeitangaben mit *for* und *since* typisch für das *present perfect progressive*: *since yesterday/last week/2005, for an hour/a week/two days/three years*.

! Im Deutschen verwendet man in der Umgangssprache häufig das Perfekt, wenn man über Vergangenes spricht:

Ich habe Emily gestern in der Stadt getroffen. Wann hast du sie zuletzt gesehen? – Ich bin ihr letzte Woche zufällig vor dem Kino begegnet, aber seitdem habe ich nichts mehr von ihr gehört.

Im Englischen unterscheidet man aber streng zwischen abgeschlossenen Handlungen in der Vergangenheit und Handlungen, die eine Auswirkung auf die Gegenwart haben:

*I **met** Emily in town **yesterday**. **When did** you last **see** her? – I **bumped** into her in front of the cinema **last week**, but I **haven't heard** from her **since** then. I'**ve been meaning** to call her, but I'**ve been** very busy **for** several days. I simply **haven't had** time **yet**.*

Wie bildet und verwendet man das *past perfect*?

*After the Normans **had invaded** England, they built the Tower of London. At that time, London was the largest city in England, but 1,000 years earlier it **hadn't been** more than a small settlement.*

Das *past perfect* besteht aus *had/hadn't* und dem *past participle*. Die *short form* von *had* ist *'d*:

	I	*you*	*he, she, it*	*we*	*you*	*they*
Hilfsverb	*had/'d/hadn't*					
past participle	*built*					

Für Fragen gilt die übliche Wortstellung:

Fragewort	Hilfsverb	Subjekt	Vollverb	restliche Satzglieder
	Had	*London*	*been*	*the country's capital before the Normans arrived?*
Where	*had*	*the Normans*	*lived*	*before they invaded England?*

Das *past perfect* entspricht dem Plusquamperfekt im Deutschen: Etwas geschieht noch vor einem anderen Ereignis, das auch schon in der Vergangenheit liegt. Daher findet sich das *past perfect* auch immer in der Nähe des *past tense*:

After the Normans had invaded England, they built the Tower of London.

Von heute aus gesehen liegt der Bau des Tower in der Vergangenheit, der Einmarsch der Normannen zeitlich noch früher.

Auch das *past perfect* hat eine *progressive form*. Man verwendet sie, wenn eine Handlung zu einem bestimmten Zeitpunkt in der Vergangenheit schon seit einer Weile andauerte, bevor etwas Neues passierte:

In the 5th century, the Romans left England. Before that, London ***had been developing*** *from a small settlement into a relatively large city. – Why* ***had*** *London* ***been growing*** *so fast before the Romans left England?*

Die Zukunft

Das Englische kennt verschiedene Möglichkeiten, auf die Zukunft *(future time)* und zukünftiges Geschehen zu verweisen.

going to

*Emily and Nick are talking about the French exchange students' visit next week. Nick: "I'****m going to go to*** *London for a day with Julien. We'****re going to ride*** *in the London Eye. But we* ***aren't going to visit*** *the Tower of London."*

Man braucht eine Form von *be*, *going to* und den Infinitiv des Vollverbs:

I	*you*	*he, she, it*	*we*	*you*	*they*
am/'m *'m not*	*are/'re* *aren't*	*is/'s* *isn't*	*are/'re* *aren't*	*are/'re* *aren't*	*are/'re* *aren't*
+ going to					
+ Infinitiv des Vollverbs					

Fragewort	Hilfsverb	Subjekt	*going to* + Vollverb	restliche Satzglieder
	Is	*Nick*	*going to visit*	*the Tower of London?*
When	*are*	*you*	*going to travel*	*to London?*

Das *going to-future* wird verwendet für

- Pläne und Absichten für die Zukunft:

  I'm going to go to London for a day.

- Ereignisse, für die es schon deutliche Anzeichen gibt, sodass sie in naher Zukunft mit ziemlicher Sicherheit eintreten werden. Wenn also ein hoher Bücherstapel schon bedenklich wackelt und wahrscheinlich umfallen wird, könnte man das kommentieren mit *Look at this pile. It's going to topple over!* In ähnlicher Weise gelten die dunklen Wolken am Himmel als sicheres Zeichen von Regen: *Look at those dark clouds. It's going to rain soon.* Und bei *The milk's going to boil over!* ist es eigentlich schon zu spät ...

will-future

*Emily is happy: "The weather **will be** very nice when the French students are here. On the radio they say it **won't rain** at all next week. We'**ll have** a fantastic time."*

Das Hilfsverb *will* und der Infinitiv des Vollverbs bilden die Formen. Die *short form* von *will not* lautet für alle Personen *won't*:

I will *I'll* *I will not* *I won't*	*you will* *you'll* *you will not* *you won't*	*he/she/it will* *he'll/she'll/it'll* *he will not* *he won't*	*we will* *we'll* *we will not* *we won't*	*you will* *you'll* *you will not* *you won't*	*they will* *they'll* *they will not* *they won't*
+ Infinitiv					

Fragewort	Hilfsverb	Subjekt	Vollverb	restliche Satzglieder
	Will	*the students*	*like*	*each other?*
When	*will*	*it*	*stop*	*raining?*

Das *will-future* wird verwendet, wenn man

- für die Zukunft etwas vorhersagt oder vermutet:

  "Our trip to France will be terrible for me. My French is so bad," Nick says.

- Entscheidungen, Angebote und Versprechen sehr spontan äußert:

  "Don't worry," Emily answers, "I'll help you with it."

Das *will-future* steht immer nach Vorhersagen mit *I believe, I expect, I hope, I suppose, I think, I'm afraid, I'm sure* und in Vermutungen mit *perhaps* oder *probably*:

I'm sure you'll like France, and I hope the French will like the UK. They'll probably love London.

In einem Nebensatz mit *when* dagegen steht nie *will*:

We'll have a lot of fun when we go to Paris next year.

future progressive

Dies sind die Elemente zur Bildung des *future progressive*:

	Hilfsverb *will*	Hilfsverb *be*	Vollverb
I, you, he, she, it, we, you, they	*will/'ll/ will not/won't*	*be*	*ing-Form*
he	*'ll*	*be*	*visiting*

Fragewort	Hilfsverb	Subjekt	*be* + Vollverb	restliche Satzglieder
	Will	*they*	*be enjoying*	*themselves?*
What	*will*	*they*	*be doing*	*on the train?*

Man verwendet das *future progressive* für

- Handlungen, die zu einem zukünftigen Zeitpunkt gerade im Verlauf sein werden:

  Only one more day. Tomorrow afternoon, we'll be waiting for the French group to arrive.

- Ereignisse, die ohnehin eintreten werden, ohne dass man etwas Besonderes unternimmt:

  I'm going to write Julien an e-mail tonight. – What for? You'll be seeing him tomorrow anyway.

simple present

Das *simple present* kann sich auf zukünftige Ereignisse beziehen, wenn deren Zeitpunkt (z. B. in einem Stundenplan, einem Fahrplan oder einem Programm) genau festgelegt ist. Normalerweise wird dieser Zeitpunkt im Satz dann auch genannt:

Don't forget to be at the station tomorrow afternoon. The French group's train ***arrives*** *at 4:17. By the way, there'****s*** *an interesting documentary about Paris on TV at 8 o'clock this evening.*

present progressive

Wenn man für ein zukünftiges Ereignis bereits etwas vorbereitet, verabredet oder vereinbart hat, verwendet man dafür das *present progressive*. Damit der Bezug zur Zukunft deutlich wird, müssen die Sätze eine Zeitangabe enthalten:

*Here's some important information on our field trip with the French group tomorrow. We'****re meeting*** *in front of the school at quarter to eight. Mrs Brown, the music teacher,* ***is coming*** *with us.*

future perfect

Das *future perfect* setzt sich aus folgenden Bestandteilen zusammen:

	Hilfsverb *will*	Hilfsverb *have*	Vollverb
I, you, he, she, it, we, you, they	*will/'ll* *will not/won't*	*have*	*past participle*
I	*'ll*	*have*	*visited*

Fragewort	Hilfsverb	Subjekt	*have* + Vollverb	restliche Satzglieder
	Will	*Madeleine*	*have left*	*home by now?*
When	*will*	*you*	*have finished*	*writing your diary?*

Mit dem *future perfect* kann man eine Vorhersage darüber äußern, dass ein Geschehen zu einem Zeitpunkt in der Zukunft bereits vorbei sein wird. Dieser Zeitpunkt muss im Satz oder Text deutlich gemacht werden:

This is exciting. By this time tomorrow, our exchange partners will have arrived.
Morgen um diese Zeit, werden ... angekommen sein.

Überblick über die Tempora und ihre Verwendung

Beispiel	Erläuterung	Verb im ...
*Kelly regularly **sends** e-mails to her friend in Paris.*	immer, regelmäßig	*simple present*
*But at the moment she'**s writing** her a letter.*	gerade jetzt	*present progressive*
*She can't use her computer because it **broke** down yesterday.*	in der Vergangenheit	*simple past*
*She **was playing** a computer game when it suddenly stopped working.*	Hintergrundhandlung in der Vergangenheit	*past progressive*
*She **had installed** the software only the day before.*	noch länger zurückliegend	*past perfect*
*Apparently, a virus **has destroyed** data on her computer.*	Ergebnis in der Gegenwart spürbar	*present perfect*
*Her brothers **have been working** to repair the damage since noon.*	bis jetzt andauernd	*present perfect progressive*
*Matt says: "You'**ll be** able to use your computer again soon."*	später: vermutet, vorhergesagt	*will-future*
*"Next weekend, you'**ll be writing** endless e-mails to your French friend again," Steve adds.*	später im Verlauf; ohnehin zu erwarten	*future progressive*
*They ask: "How **are** you **going to pay** us for this?" – "Well, **I'm going to buy** you popcorn at the cinema."*	später: beabsichtigt, geplant	*going to-future*
*"Brilliant idea. We'**re going** to the cinema tonight anyway," says Matt.*	später: fest geplant, bereits vereinbart	*present progressive*
*The movie **starts** at half past seven. Their bus **leaves** at 7:02.*	später: genau festgelegt *(timetable)*	*simple present*
*"In a couple of hours, we'**ll have eaten** tons of popcorn," Steve says.*	später bereits abgeschlossen	*future perfect*

Passiv

Wofür verwendet man das Passiv?

Manche Handlungen kann man aus zwei verschiedenen Blickwinkeln betrachten. Man kann den Handelnden in den Mittelpunkt stellen und sagen, wer etwas tut. In solchen Sätzen steht das Verb im Aktiv:

*Dutch people **founded** New York City in the 17th century.*

Möchte man andererseits ausdrücken, dass mit einer Person oder einem Gegenstand etwas geschieht, kann man das Verb ins Passiv *(passive)* setzen:

*New York City **was founded** in the 17th century.*

Im Passiv ist es entweder selbstverständlich, unwichtig oder unbekannt, wer der Handelnde (im Englischen *agent* genannt) ist. Das Entscheidende am Passiv ist ja gerade, dass es ohne diese Information auskommt. Wird der Handelnde dennoch genannt, steht er in betonter Position am Satzende. Der Verursacher einer Handlung - also das Subjekt des entsprechenden Aktivsatzes - wird im Englischen mit der Präposition *by* angeschlossen und daher auch oft als *by-agent* bezeichnet:

*Was New York City founded **by British people**? - No, I think it was founded **by Dutch people**.*

Wie werden Verbformen im Passiv gebildet?

Einige Vorbemerkungen zu den Verbformen im Passiv:

- In der *simple form* gibt es alle Tempora. Die Verwendung der Tempora im Passiv unterscheidet sich nicht vom Aktiv.
- In der *progressive form* sind nur *present* und *past* gebräuchlich. Wie im Aktiv wird mit der *progressive form* auch im Passiv der Verlauf einer Handlung betont.

Eine Verbform im Passiv setzt sich aus zwei Bestandteilen zusammen:

	Form von *be*	*past participle*
simple present	*am/are/is*	*examined, seen, washed ...*
simple past	*was/were*	
present perfect	*have been/has been*	
past perfect	*had been*	

	Form von *be*	*past participle*
will-future	*will be*	*examined,* *seen,* *washed ...*
present progressive	*am/are/is being*	
past progressive	*was/were being*	

In der 3. Person Singular ergeben sich damit folgende Verbformen:

The injured boy	*is*	*examined.*	*simple present*
	was		*simple past*
	has been		*present perfect*
	had been		*past perfect*
	will be		*will-future*
	is being		*present progressive*
	was being		*past progressive*

Wenn man ausdrücken möchte, dass etwas getan werden muss/kann/soll, verwendet man ein Modalverb (oder dessen Ersatzform) und einen *passive infinitive (be + past participle)*:

The injured boy	*must*	*be operated on.*
	should	
	needn't	
	will have to	
The drunken driver	*should*	*have been punished.*

Wie bildet man Sätze im Passiv?

Zahlreiche Verben haben im Aktiv ein Objekt. Dieses Objekt wird zum Subjekt des entsprechenden Passivsatzes.

- *In the middle of the 19th century, some settlers found gold in California.*
  In the middle of the 19th century, gold was found in California.
- *Other adventurers soon followed them.*
  They were soon followed (by other adventurers).
- *They often fought for the most promising land.*
  The most promising land was often fought for.

Bei Verben mit zwei Objekten kann man aus folgendem Aktivsatz zwei verschiedene Passivsätze machen:

Subjekt	Prädikat	indirektes Objekt	direktes Objekt
Someone at school	*gave*	*my son*	*an interesting book about the Gold Rush.*

- *My son was given an interesting book about the Gold Rush.*
  Dies ist die gebräuchlichere Variante. Dabei wird das indirekte Objekt (also das „Personenobjekt") zum Subjekt des Passivsatzes. Man spricht deshalb von *personal passive*. Im Deutschen kann man die Struktur nur mit anderen Formulierungen wiedergeben:
  Man gab meinem Sohn .../Mein Sohn bekam .../Meinem Sohne wurde ... gegeben.
- *An interesting book about the Gold Rush was given to my son.*
  Wenn das direkte Objekt (also das „Sachobjekt") an die Stelle des Subjekts gesetzt wird, muss das indirekte Objekt mit *to* an das Verb angeschlossen werden.

Die Passivformen von Verben des Sagens und Meinens (wie *believe, expect, know, report, say, suppose, think*) werden oft benutzt, um Gerüchte oder Meinungen wiederzugeben, ohne zu sagen, woher sie kommen. Es gibt eine Konstruktion mit *it* und ein *personal passive*:

It is said that Levi Strauss is the inventor of jeans. – Levi Strauss is said to be the inventor of jeans.
(Man sagt, dass Levi Strauss der Erfinder der Jeans ist./
Angeblich ist Levi Strauss ..../Levi Strauss soll ... sein.)
He is known to have been very poor as a young man.
(Man weiß, dass er ...)

Imperativ

Der Imperativ *(imperative)* ist die Befehlsform des Verbs. Im Englischen hat der Imperativ im Singular und im Plural die gleiche Form.

	bejahter Imperativ	verneinter Imperativ
Bildung	Infinitiv des Vollverbs	*don't* + Infinitiv des Vollverbs
Beispiele	*Sit down, please. – Open your books, please. – Be quiet. – Stop talking, Ronny.*	*Don't write so untidily. – Boys, don't be noisy. – Do not use your calculator.*

Daneben gibt es noch Aufforderungen oder Vorschläge, die den Sprecher einschließen. Sie bestehen aus *let's (= let us)* + Infinitiv des Vollverbs:

- bejaht: *Let's listen to the CD now.*
- verneint: *Let's not argue about this.*

Weitere Informationen ↗ Kapitel 8 Der Satz: Aufforderung

8 Der Satz

Grundsätzliches zur Wortstellung

Im Englischen gibt es eine festgelegte, unveränderbare Reihenfolge für die Satzglieder. Die Formel dafür lautet S – V – O/Rest des Satzes. Das bedeutet: Das Subjekt steht immer vor dem Verb und dem Objekt (oder dem Rest des Satzes, wenn es kein Objekt gibt). An dieser Anordnung ändert sich auch dann nichts, wenn man die Satzart verändert. Das sieht man, wenn man den Satz Zeile für Zeile nach links erweitert:

Fragewort	Hilfsverb	Subjekt	Vollverb	Objekt
			Do	*your homework.*
		You	*do*	*your homework.*
	Do	*you*	*do*	*your homework?*
When	*do*	*you*	*do*	*your homework?*

Alle weiteren Satzglieder werden in dem Gerüst S – V – O untergebracht. Dabei können sich Satzteile zwischen Subjekt und Verb schieben, an der Reihenfolge „Subjekt vor Verb vor Objekt/Rest des Satzes" ändert das nichts (↗ Kapitel 6 Adverb: Stellung von Adverbien und adverbialen Bestimmungen im Satz). Das Verb kann auch mehrteilig sein:

	Subjekt		Verb(en)	Objekt	
	We		*love*	*football.*	
	The boys	*often*	*play*	*football*	*at the weekend.*
On Saturdays,	*they*		*watch*	*matches*	*on TV.*
	Anna	*usually*	*doesn't like*	*sport.*	
But today,	*she*		*is watching*	*football,*	*too.*

! Die Ausnahme von dieser Regel ist *be* als Vollverb im *simple present* und *simple past*. In einer Frage steht das Verb dann vor dem Subjekt:
Is football *your favourite sport?* ***Are you*** *good at football?* ***Was yesterday's match*** *good?*

Verneinung im Aussagesatz

Um einen Satz zu verneinen, fügt man nach der Form von *be* oder nach dem Hilfsverb (einschließlich der Modalverben) das Wort *not* oder eine Kurzform davon ein:

London	*is*	*in England.*
	is not/isn't	*in Scotland.*

The Kramers	*have*	*been to London.*
	have not/haven't	*been to Sydney.*

Johanna Kramer	*can*	*speak English.*
	cannot/can't	*speak Italian.*

Nur bei zwei Tempusformen enthält ein Satz kein Hilfsverb: im *simple present* und im *simple past*. Für die Verneinung im *simple present* verwendet man (außer bei *be*) *doesn't* für die 3. Person Singular, ansonsten *don't*:

The Kramers	—	*come*	*from Germany.*
	do not/don't		*from the UK.*

Bastian Kramer	—	*likes*	*holidays.*
	does not/doesn't	*like*	*school.*

Im *simple past* wird für alle Personen (außer bei *be*) mit *didn't* verneint:

Mr Kramer	—	*booked*	*a flight to London yesterday.*
	did not/didn't	*book*	*first class tickets.*

Hinweise zur Verneinung finden sich außerdem in den Abschnitten zur Bildung der verschiedenen Tempusformen (↗ Kapitel 7 Verb).

Fragesatz: Was haben die meisten Fragen gemeinsam?

Ein wichtiger Grundsatz gilt für fast alle Fragesätze: Man benötigt entweder eine Form des Vollverbs *be* oder ein Hilfsverb (einschließlich der Modalverben):

- *be* als Vollverb:

  ***Are** you a good singer? What **is** your favourite band?*

- Hilfsverb:

  ***Do** you like pop music? **Have** you heard the latest number 1 hit? **Is** your sister listening to the music now? When **did** you buy this fantastic CD? **Will** you lend it to me until tomorrow? Who **can** play the piano? **Must** you practise now?*

Zur Bildung der meisten Tempora und jeder Verlaufsform ist ohnehin ein Hilfsverb notwendig. Dieses Hilfsverb benutzt man auch bei der Fragestellung. Nur im *simple present* und im *simple past* gibt es bei bejahten Formen kein Hilfsverb. Zur Bildung von Fragen benutzt man daher (außer bei *be*)

- im *simple present*: in der 3. Person Singular *does/doesn't,* ansonsten *do/don't*
- im *simple past*: für alle Personen *did*

Damit ergibt sich für Fragen fast immer eine der folgenden beiden Strukturen:

Fragewort	*be* als Vollverb	Subjekt	Rest des Satzes
	Are	*you*	*a good singer?*
Where	*is*	*your favourite band*	*from?*
	Was	*Colin*	*at a concert yesterday?*

Fragewort	Hilfsverb/ Modalverb	Subjekt	Vollverb	Objekt/Rest des Satzes
	Must	*you*	*practise*	*now?*
	Do	*you*	*like*	*pop music?*
When	*did*	*Colin*	*buy*	*this CD?*
	Have	*you*	*heard*	*the latest hit?*
Where	*can*	*we*	*listen*	*to the CD now?*

Eine Ausnahme können Fragen mit *who* oder *what* nach dem Subjekt eines Satzes sein, wo auch im *simple present* und *simple past* nicht unbedingt ein Hilfsverb benötigt wird:

Who likes music? Who went to the concert last Friday?

Mehr dazu: ↗ Ergänzungsfrage. Hinweise zur Fragestellung finden sich außerdem in den Abschnitten zu den verschiedenen Tempusformen (↗ Kapitel 7 Verb).

Entscheidungsfrage

Eine Entscheidungsfrage kann man nur mit *yes* oder *no* beantworten. Jede Entscheidungsfrage beginnt mit einer Verbform. Es kann sich dabei um ein Hilfsverb (einschließlich der Modalverben) oder eine Form von *be* handeln (Grundsätzliches: ↗ Fragesatz, Einzelheiten: ↗ Kapitel 7 Verb, Tempora):

Is this your newspaper? Can I read it? Have you read the sports page yet? Did Manchester United win against Chelsea London? Do you like football, too? Don't most people like sports?

Damit ergibt sich für Entscheidungsfragen folgende Wortstellung:

Hilfsverb/Modalverb oder *be* als Vollverb	Subjekt	Vollverb	Objekt/Rest des Satzes
Is	*this*	—	*your newspaper?*
Can	*I*	*read*	*it?*
Have	*you*	*read*	*the sports page yet?*

! Man antwortet im Englischen nicht einfach nur mit *yes* oder *no*, sondern mit einer Kurzantwort, damit man nicht zu einsilbig und unhöflich wirkt (↗ Kurzantwort).

Ergänzungsfrage

Stellt man eine Ergänzungsfrage, möchte man eine ganz bestimmte Information oder Auskunft bekommen. Daher beginnt jede Ergänzungsfrage mit einem Fragewort: *who, what, when, where, why, how, which.*

Man kann zwei große Gruppen unterscheiden:

- Fragen, in denen das Fragewort an der Position des Subjekts steht, haben die gleiche Wortstellung wie Aussagesätze. Dies kann man an den Fragen und den dazugehörigen Antworten sehen:

Subjekt	Verb	Objekt/Rest des Satzes
Who (dt. „wer“) *The Queen and her family*	*lives* *live*	*in Buckingham Palace?* *there.*
Who (dt. „wer“) *The Normans*	*built* *built*	*the Tower of London?* *it.*
Who (dt. „wer“) *I*	*can help* *can help*	*me with the map?* *you with it.*
Which London museum *The Tate Gallery*	*has got* *has got*	*paintings by Turner?* *a lot of paintings by Turner.*
What *Its buildings and people*	*makes* *make*	*London an interesting city?* *London an interesting city.*
What *The view from the London Eye*	*has fascinated* *has fascinated*	*you most in London?* *us most in London.*
How many people *Millions of people*	*live* *live*	*in London?* *there.*

- Fragen nach anderen Satzteilen haben im Anschluss an das Fragewort die gleiche Wortstellung wie Entscheidungsfragen:

Fragewort	Hilfsverb/ Modalverb	Subjekt	Vollverb	Objekt/ Rest des Satzes
Who (dt. „wen“)	*can*	*we*	*ask*	*for information?*
Who (dt. „wem“)	*did*	*Jane*	*send*	*a postcard to?*
What	*are*	*you*	*planning*	*for tomorrow?*
When	*does*	*our plane*	*leave?*	
Where	*will*	*you*	*have*	*lunch?*
Why	*haven't*	*they*	*enjoyed*	*the tour?*
How	*has*	*everything*	*been*	*so far?*
How much	*did*	*your souvenir*	*cost?*	
How much money	*has*	*Sally*	*spent*	*on souvenirs?*
Which churches	*has*	*Robert*	*seen*	*already?*

Fragewort	*be* als Vollverb	Subjekt	Rest des Satzes
What colour	*is*	*the English flag?*	
How	*was*	*your trip to Oxford*	*last week?*

Bestätigungsfrage: *question tag*

Manchmal erwartet man vom Gesprächspartner die Bestätigung, dass er dem zustimmt, was man gerade gesagt hat. Im Deutschen verwenden wir dafür zum Beispiel „oder?“ und „nicht wahr?“ als Zusatz zu einer Aussage. Das Englische kennt dafür die *question tags* oder Bestätigungsfragen:

Julia's mother: "Your new music teacher is nice, ***isn't he****? He comes from Belfast,* ***doesn't he****? He can play a lot of instruments,* ***can't he****? You like him very much,* ***don't you****? You aren't listening,* ***are you****?"*

Die Grundregeln für *question tags* lauten:

- Ein verneinter Satz bekommt einen bejahten *question tag*, ein bejahter Satz bekommt einen verneinten *question tag*.
- Verneinungen haben immer die Kurzform.
- Der *question tag* greift das Subjekt des Satzes als Personalpronomen wieder auf.
- Das (erste) Hilfsverb/Modalverb oder die Form von *be* aus dem Aussagesatz wird wiederholt. Enthält der Aussagesatz kein Hilfsverb/Modalverb, verwendet man *do/don't, does/doesn't, did/didn't*:

Subjekt	Hilfsverb/Modalverb/*be*	Vollverb	Rest des Satzes	***question tag***	
				Hilfsverb/Modalverb/*be*	Subjekt
Your teacher	*is*		*nice,*	*isn't*	*he?*
Mr Smith		*comes*	*from Belfast,*	*doesn't*	*he?*
His family		*moved*	*here a month ago,*	*didn't*	*they?*
He	*can*	*play*	*the piano very well,*	*can't*	*he?*
You		*like*	*him very much,*	*don't*	*you?*
His lessons	*are*		*interesting,*	*aren't*	*they?*

Subjekt	Hilfs-verb/ Modal-verb/*be*	Voll-verb	Rest des Satzes	***question tag***	
				Hilfsverb/ Modalverb/ *be*	Sub-jekt
We	*haven't*	*got*	*any homework,*	*have*	*we?*
The rain	*will*	*stop*	*soon,*	*won't*	*it?*
Emma	*didn't*	*call*	*grandma yesterday,*	*did*	*she?*

Bestätigungsfragen kann man auch an Sätze mit *there is/there are* anfügen:

There's a problem, ***isn't there****?*

There aren't any problems, ***are there****?*

Möchte man einer Aufforderung ein wenig mehr Nachdruck verleihen, kann man sie mit *will you* abschließen:

Help me with these boxes, ***will you****? - Don't be so noisy,* ***will you****?*

Kurzantwort

Es kann im Englischen recht unhöflich wirken, wenn man auf eine Frage einfach nur mit *yes* oder *no* antwortet. Daher fügt man zu *yes* oder *no* noch einen „Minisatz" hinzu:

Have you got a new car? - Yes, I have.

Is your car red? - No, it isn't.

Did David get his car yesterday? - Yes, he did.

Have you seen it yet? - No, we haven't.

Eine solche Kurzantwort *(short answer)* besteht immer aus drei Elementen:

1	2	3
No,	*it*	*isn't.*
yes oder *no*	Subjekt der Frage als Personalpronomen	das erste Wort der Frage, also eine Form von *be* oder ein Hilfsverb/ Modalverb; bei Verneinung immer in der *short form*

Das sieht dann bei verschiedenen Fragen so aus:

Frage			Kurzantwort	
be/ HV/ MV	Subjekt	Rest der Frage	*yes*	*no*
Am	*I*	*late?*	*Yes, you are.*	*No, you aren't.*
Are	*you*	*happy, Sally?*	*Yes, I am.*	*No, I'm not.*
Are	*you*	*angry, Mum and Dad?*	*Yes, we are.*	*No, we aren't.*
Is	*grandma*	*at home?*	*Yes, she is.*	*No, she isn't.*
Are	*the Millers*	*nice?*	*Yes, they are.*	*No, they aren't.*
Have	*they*	*got a dog?*	*Yes, they have.*	*No, they haven't.*
Has	*Ellen*	*got a brother?*	*Yes, she has.*	*No, she hasn't.*
Is	*grandpa*	*sleeping?*	*Yes, he is.*	*No, he isn't.*
Are	*the girls*	*doing their homework?*	*Yes, they are.*	*No, they aren't.*
Were	*you*	*at home yesterday?*	*Yes, I was.*	*No, I wasn't.*
Do	*they*	*like football?*	*Yes, they do.*	*No, they don't.*
Does	*Pete*	*often watch TV?*	*Yes, he does.*	*No, he doesn't.*
Did	*Emily*	*leave at 4 o'clock?*	*Yes, she did.*	*No, she didn't.*
Have	*you*	*seen Mum?*	*Yes, I have.*	*No, I haven't.*
Has	*Sheila*	*gone shopping?*	*Yes, she has.*	*No, she hasn't.*
Will	*it*	*rain tomorrow?*	*Yes, it will.*	*No, it won't.*
Can	*she*	*play the guitar?*	*Yes, she can.*	*No, she can't.*
Must	*I*	*do this?*	*Yes, you must.*	*No, you needn't.* (↗ Kapitel 7)

Kurzsätze mit *so, neither/nor*

Um einer Aussage zuzustimmen, verwendet man im Deutschen häufig „auch" und „auch nicht":

Ich esse gerne Hamburger. – Ich auch.

Mein Vater mag keine Pommes frites. – Meiner auch nicht.

Im Englischen werden derartige Erwiderungen mit *so* oder *neither/nor* gebildet:

- Einem bejahten Aussagesatz stimmt man mit *so* zu, einem verneinten mit *neither/nor*.
- In der Antwort steht an zweiter Stelle ein Verb aus der vorangegangenen Aussage: Eine Form von ***be*** als Vollverb oder ein Hilfsverb/Modalverb, in jedem Fall in bejahter Form. Enthält die Aussage kein Hilfsverb/Modalverb, verwendet man – wie in den *question tags* – ***do*** für das *simple present* und ***did*** für das *simple past*.

Bejahte Aussage	Erwiderung mit *so*	
I am hungry.	*So am I./ So are we.*	Ich auch./ Wir auch.
I like hamburgers.	*So do I.*	Ich auch.
We had fish and chips yesterday.	*How funny – so did we.*	... wir auch.
My mother has got a new cook-book.	*So has mine. I gave it to her for her birthday.*	Meine auch.

Verneinte Aussage	Erwiderung mit *neither/nor*	
My father doesn't like chips.	*Neither does mine.*	Meiner auch nicht.
Jenny can't cook, and	*nor can Jake.*	... Jake auch nicht.

Aufforderung

Eine direkte Aufforderung *(command)* wird in der Regel mit einem Imperativ gebildet (↗ Kapitel 7 Verb: Imperativ). Die Verbform steht am Satzanfang vor den restlichen Satzgliedern. Manchmal wird *please* an den Satzanfang gestellt:

Take a seat, please. – Please help yourselves. – Don't be shy. – Let's eat.

Außerdem haben Fragen oft die Funktion von Aufforderungen, auf die der Gesprächsparter mit einer Äußerung und/oder einer Handlung reagiert:

Couldn't we sit in the garden? - Of course. Let's go outside.
Would you pass me the salt, please? - Here you are.
Why don't we light the candles? - Good idea. Where are the matches?

Ausruf

Mit Ausrufen *(exclamations)* kann man Gefühle wie Erstaunen, Entsetzen, Ekel, Erleichterung oder Begeisterung zum Ausdruck bringen. Manchmal besteht ein Ausruf nur aus einem Wort: *Yummy! - Great! - Yuck! - Wow! - Help!* Es kann sich aber auch um ganz normale Aussagesätze handeln, die besonders betont werden:

This is fantastic! - I can't believe it! - It's amazing!

Viele Ausrufe beginnen mit *how* (wie) oder *what a* (was für ein/eine). Es kann sich dabei um vollständige und unvollständige Sätze handeln:

Here's a birthday present from Aunt Terry. - What a nice surprise that is!
I've made you a birthday cake. - How kind of you!
"What a mess!", Ken's mother said when she looked into his room.
This year I forgot to get my mother a birthday present. How awful I felt!

Nebensätze

Hauptsatz und Nebensatz heißen auf Englisch *main clause* und *subordinate clause*. Ein Nebensatz wird eingeleitet durch eine Konjunktion oder ein Relativpronomen und bildet zusammen mit dem Hauptsatz ein Satzgefüge. Die Wortstellung ist im Nebensatz und im Hauptsatz gleich (↗ Grundsätzliches zur Wortstellung):

	Subjekt	Verb	Objekt/Rest des Satzes
	Native Americans	*lived*	*in different parts of the country*
before	*the first Europeans*	*came*	*to the New World.*
Although	*the native people*	*helped*	*the white settlers,*
	a lot of colonists	*treated*	*the Indians badly.*
	The settlers' greed	*caused*	*cruel battles,*
	which (= these battles)	*cost*	*a lot of lives.*

Adverbialsätze

Adverbialsätze haben die gleiche Funktion wie adverbiale Bestimmungen: Sie informieren über Ort, Zeit und Grund eines Geschehens oder die Bedingungen dafür. Die meisten adverbialen Nebensätze können vor dem Hauptsatz stehen (Komma zwischen Neben- und Hauptsatz) oder danach (kein Komma).

Kausalsatz

The early settlers hardly survived the first winter ***because it was very cold****.* ***As the colonists didn't have enough food****, they needed help from the native population.* ***Since the immigrants brought dangerous diseases with them****, a lot of native Americans were killed, too.*

Mit einem Kausalsatz wird der Grund eines Geschehens verdeutlicht. Nebensätze mit *as* oder *since* stehen meist vor dem Hauptsatz, ein Kausalsatz mit *because* folgt ihm in der Regel.

Temporalsatz

When the pilgrims came to the New World*, they founded a Puritan colony. The Puritans had been persecuted because of their religion* ***before they left England****.* ***After the east coast had been settled****, the pioneers started to explore the west.*

In Temporalsätzen werden die zeitlichen Umstände für das Geschehen im Hauptsatz erläutert. Die wichtigsten temporalen Konjunktionen sind *after, as, as soon as, before, by the time, once, since, until/till, when, while, whenever*. Das Hauptsatzgeschehen kann zum Geschehen im Nebensatz in verschiedenen zeitlichen Verhältnissen stehen: vorzeitig, gleichzeitig oder nachzeitig.

! Die Konjunktion *since* kann, je nach Sinnzusammenhang, temporale und kausale Bedeutung haben:

I've wanted to go to New England since (= seitdem) *I saw a TV documentary on its history. Since* (= da) *there are a number of famous sights and attractions, the region is very popular with tourists.*

In einem temporalen Nebensatz wird nie das Futur verwendet, auch wenn man über die Zukunft spricht. Stattdessen steht das Präsens:

I'm going to visit Plimoth Plantation when I travel to New England next year. By the time I get there, I'll have visited a lot of other interesting places.

Konditionalsatz

In einem Konditionalsatz nennt man die Bedingung, unter der etwas geschieht, geschehen könnte oder geschehen wäre, im Hauptsatz die (mögliche) Folge davon. Meistens werden solche Bedingungssätze mit der Konjunktion *if* (falls, wenn) eingeleitet. Zudem gibt es die konditionalen Konjunktionen *even if* (selbst wenn) und *unless* (es sei denn):

> ***If*** *I knew how to travel back in time, I'd visit 19th century New York. My history teacher would try it, too,* ***even if*** *he had to pay a lot of money. The future would be fascinating, too,* ***unless*** *you saw too many sad events.*

Es gibt im Englischen drei Grundtypen, in denen klare Regeln für den Zeitengebrauch bestehen. Die folgende Übersicht macht sie deutlich.

Typ I

if-Satz	Hauptsatz
If we ***go*** *to Judy's party,*	*we'****ll meet*** *her brother at last.*
erfüllbare, realistische Bedingung	Folge für die Zukunft
simple present	*will-future*

When (dann, wenn) und *if* (falls) sind nicht beliebig austauschbar. Bei *when* ist es ziemlich sicher, dass ein Ereignis eintreten wird:

> *When you see Laura this afternoon, tell her to call me.*
> Der Angesprochene wird Laura am Nachmittag sicher treffen.

Bei *if* dagegen steht etwas noch nicht fest:

> *If I see Tom this afternoon, I'll invite him to dinner tonight.*
> Es besteht die Möglichkeit, dass der Sprecher Tom trifft, aber das ist nicht sicher.

Manchmal aber bedeutet *if* so viel wie *whenever* (jedesmal, wenn). Wenn also dasselbe Ereignis immer eintritt, steht auch im Hauptsatz das *simple present*: *If/When it rains, the bus is always late.*

Typ II

if-Satz	Hauptsatz
*If Kim **didn't wear** that black dress,* *If you **were** nicer to **her**,* *If I had enough courage,*	*she **wouldn't look** so pale.* *she'**d** probably **dance** with you.* *I **could ask** her to dance with me.*
nicht oder kaum erfüllbare Bedingung	denkbare Folge in der Gegenwart oder in der Zukunft
simple past	*would/'d + infinitive (= conditional)* *could/might + infinitive*

Typ III

if-Satz	Hauptsatz
*If Judy **hadn't invited** so many people,* *If I **had left** earlier,*	*there **would have been** enough food for everyone.* *I **might have caught** the last bus.*
nicht mehr erfüllbare Bedingung, die in der Vergangenheit liegt	Folge, die in der Vergangenheit denkbar gewesen wäre
past perfect	*would/could/might + have + past participle (= conditional perfect)*

Bei den Verbformen im *if*-Satz nicht irritieren lassen: Im Deutschen steht der Konjunktiv II (Präsens oder Perfekt), im Englischen aber nicht das *conditional/conditional perfect*.

Wenn wir mehr Stühle hätten, könnten wir alle draußen sitzen.
*If we **had** more chairs, we could all sit outside.*

Wenn ich Patrick getroffen hätte, hätte ich ihn einladen können.
*If I **had met** Patrick, I could have invited him.*

Relativsatz

Relativsätze *(relative clauses)* sind Nebensätze, die etwas vorher bereits Genanntes (meist ein Nomen) näher bestimmen. Sie werden mit einem Relativpronomen an den Hauptsatz angeschlossen (↗ Kapitel 3 Pronomen und Begleiter):

> *Do you remember the name of the author* ***who wrote "The Adventures of Tom Sawyer"****? It is a book* ***that/which tells funny stories about a young boy's life in Mississippi****. The writer,* ***whose real name was Samuel Langhorne Clemens****, called himself Mark Twain.*

Man unterscheidet im Englischen zwischen notwendigen und nicht notwendigen Relativsätzen: *defining relative clauses* und *non-defining relative clauses*.

Notwendiger Relativsatz

> *The book* ***that/which my grandma gave me for my birthday*** *is fantastic. It is about a boy* ***who discovers his magic power****. But there are people* ***whose aim is to kill him****. His parents are dead, and the relatives* ***that he lives with*** *are terrible.*

Folgende Merkmale kennzeichnen einen *defining relative clause*:

- Er ist notwendig, damit der Gesamtsatz einen Sinn ergibt. Ohne die Information, die im Relativsatz gegeben wird, ist der Hauptsatz nicht vollständig oder nicht sinnvoll. Das kann man feststellen, wenn man den Relativsatz weglässt.
- Alle Relativpronomen sind möglich: *who, whom, that, which* und *whose*.
- Das Relativpronomen kann im Nebensatz das Subjekt oder das Objekt sein.
    - Subjekt:
      A boy discovers his magic power. → It is about a boy who discovers his magic power.
    - Objekt:
      My grandma gave me a book for my birthday. → The book that/which my grandma gave me for my birthday is fantastic.
- Gewöhnlich steht eine Präposition am Ende des Relativsatzes:
  No one tells him about the things ***that he is interested*** *in.*
  All the people ***who he talks to*** *seem to have secrets.*
  The school ***which he goes to*** *is different from normal schools.*
- Zwischen Hauptsatz und notwendigem Relativsatz steht kein Komma.

contact clause

Wenn das Relativpronomen im notwendigen Relativsatz das Objekt ist, kann man es weglassen und den Relativsatz direkt an den Hauptsatz anschließen. Ein solcher Relativsatz ohne Relativpronomen heißt *contact clause*:

notwendiger Relativsatz: Relativpronomen = Objekt	*contact clause*
The book ***that my grandma gave me for my birthday*** *is fantastic.*	*The book* ***my grandma gave me for my birthday*** *is fantastic.*
No one tells him about the things ***which he is interested in.***	*No one tells him about the things* ***he is interested in.***
All the people ***who he talks to*** *seem to have secrets.*	*All the people* ***he talks to*** *seem to have secrets.*

! Gehört zum Verb eine Präposition, muss sie am Ende des *contact clause* stehen.

Nicht notwendiger Relativsatz

> *The author Arthur Conan Doyle,* ***whose most famous literary character is Sherlock Holmes****, was born in Edinburgh in 1859. Sherlock Holmes,* ***who lives at 221b Baker Street****, is a brilliant detective. He shares his flat with his friend and assistant Dr Watson,* ***with whom he solves all his cases****. "The Hound of the Baskervilles",* ***which was published in 1902****, is one of the best-known Sherlock Holmes stories.*

Für den *non-defining relative clause* gilt:

- Er enthält Zusatzinformationen zum Bezugswort, ohne die der Hauptsatz auch Sinn ergibt.
- Alle Relativpronomen außer *that* sind möglich: *who, whom, which* und *whose*.
- *Which* kann sich auch auf den gesamten Hauptsatz beziehen:
  A lot of Sherlock Holmes stories were made into successful films, which is not surprising.
- Das Relativpronomen kann im Nebensatz das Subjekt oder das Objekt sein.
- Gewöhnlich steht eine Präposition vor dem Relativpronomen.
- Der notwendige Relativsatz wird vom Hauptsatz durch ein Komma abgetrennt.

9 Indirekte Rede

Möchte man wiedergeben, was jemand sagt oder gesagt hat, verwendet man die indirekte Rede *(reported speech)*.

Dear Matthew,
How are you? I'm spending a few days in the Black Hills Area. Do you know where the Black Hills are? They are in South Dakota.
Yesterday, I visited Mount Rushmore. Have you ever heard of the huge sculptures of four former US presidents?
Today, I'm in Custer State Park. It's a wildlife reserve with lots of animals. Parts of the western "Dances with Wolves" were shot here! I haven't seen any bison yet, but I hope I will have seen some by the end of the trip.
Tomorrow, I'm going to buy a souvenir for my mom. The gold from the area is quite well-known, so I think I will buy some golden earrings. What do you think about my idea?
Write back soon. Don't forget me!
Tom

Wichtige Merkmale der indirekten Rede

Bei der indirekten Rede wird eine Satzkonstruktion verwendet, die aus einem Hauptsatz und einem Nebensatz besteht. Der Hauptsatz leitet mit redeeinleitenden Verben den Nebensatz ein. Im Nebensatz wird dann wiedergegeben, was jemand wörtlich sagt oder gesagt hat.
direkt: *"Today, I'm in Custer State Park."*
indirekt: *He says that today, he's in Custer State Park.*

! Folgende Punkte müssen bei der indirekten Rede beachtet werden:

- Für Aussagen, Fragen und Aufforderungen müssen jeweils verschiedene Umformungen vorgenommen werden.
- Personalpronomen und Possessivbegleiter sowie Zeit- und Ortsangaben müssen dem Standpunkt des Berichterstatters angepasst werden.
- Eventuell werden die Zeitformen von Verben verändert.

Aussagen, Fragen und Aufforderungen in indirekter Rede

Um Aussagen wiederzugeben, sind beispielsweise die folgenden Verben einführend möglich: *say, think, shout, tell, believe*.

"I'm spending a few days in the Black Hills Area." → Tom writes (that) he is spending a few days in the Black Hills Area.

"The gold from the area is quite well-known." → He says (that) the gold from the area is quite well-known.

!

- Der Nebensatz wird durch *that* eingeleitet. Dieses *that* kann aber – wie im Deutschen „dass“ – auch ausgelassen werden.
- Vor *that* steht kein Komma.
- Das Verb *to tell* braucht unbedingt ein Personenobjekt:
  *He **tells Matthew** (that) it's a wildlife reserve with lots of animals.*

Um Fragen wiederzugeben, sind beispielsweise folgende Verben einführend möglich: *ask, wonder, want to know, inquire*

*"**How** are you?" → Tom asks Matthew **how** he is.* *"**What** do you think about my idea?" → He wants to know **what** Matthew thinks about his idea.*	Hat der direkte Fragesatz ein Fragewort, dann wird das auch in der indirekten Rede benutzt.
"Do you know where the Black Hills are?" *→ Tom wonders **whether** Matthew knows where the Black Hills are.* *"Have you ever heard of the huge sculptures of four former US presidents?" → He wants to know **if** he has ever heard of the huge sculptures of four former US presidents.*	Ist kein Fragewort vorhanden, dann wird der Nebensatz mit *if* oder *whether* (ob) begonnen.

!

- Die Wortstellung ist im indirekten Fragesatz die eines normalen Aussagesatzes (S – V – O).
- Am Satzende steht kein Fragezeichen, sondern ein Punkt.
- Vor *if/whether* oder den Fragewörtern steht kein Komma.

Um Aufforderungen wiederzugeben, sind beispielsweise folgende Verben einführend möglich: *tell, ask, order, advise, command*

*"Write back soon." → Tom tells Matthew **to write** back soon.* *"Don't forget me!" → He asks him **not to forget** him.*	Aufforderungen werden durch einen Infinitiv mit *to* wiedergegeben (verneint mit *not to*).

Veränderung der Verben: *Backshift of tenses*

Wie im Deutschen können auch im Englischen in der indirekten Rede Veränderungen bei den Verben notwendig sein. Im Gegensatz zum Deutschen, das hier den Konjunktiv benutzt, werden im Englischen unter bestimmten Voraussetzungen Tempusformen angepasst. Steht das redeeinleitende Verb des Hauptsatzes im *present*, *present perfect* oder *future*, müssen die Tempusformen der Verben nicht verändert werden. Eine Rückverschiebung *(backshift)* der Tempora tritt jedoch ein, wenn das übergeordnete Verb im Hauptsatz im *past tense* steht.

*"I'**m spending** a few days in the Black Hills Area."* *"The gold from the area **is** quite well-known."* ***present tense*** →	*Tom wrote that he **was spending** a few days in the Black Hills Area.* *He explained that the gold from the area **was** quite well-known.* ***past tense***
*"I **haven't seen** any bison yet."* ***present perfect*** →	*He admitted that he **hadn't seen** any bison yet.* ***past perfect***
"I visited Mount Rushmore." *"Parts of a western **were shot** here!"* ***past tense*** →	*He wrote that he **had visited** Mount Rushmore.* *He mentioned that parts of a western **had been shot** there.* ***past perfect***
*"I **will buy** some golden earrings."* ***will-future*** →	*He said that he **would buy** some golden earrings.* ***would + infinitive***

*"I'm **going to buy** a souvenir for my mom."* ***going-to-future*** →	*He added that he **was going to buy** a souvenir for his mom.* ***was/were going to***
*"I hope I **will have seen** some by the end of the trip."* ***future perfect*** →	*He said that he hoped he **would have seen** some by the end of the trip.* ***would + have + past participle***

!

- Infinitivkonstruktionen bei Aufforderungen werden nicht verändert.
- *Progressive forms* werden verschoben.
- Hilfsverben werden verschoben *(can → could, shall → should, may → might, ...)*. Die Formen *would, could, might, should, ought to* bleiben unverändert.
- *Past perfect, would + infinitive (conditional)* und *would + have + past participle (conditional perfect)* können nicht weiter zurückverschoben werden, bleiben also erhalten.

!

Das *simple present* wird meist nicht verschoben, wenn eine Tatsache ausgedrückt wird, die immer Gültigkeit besitzt (z. B. Naturgesetze, unveränderliche Eigenschaften):

*A few hundred years ago, people didn't believe that the earth **turns** round the sun.*

Pronomen, Begleiter, Orts- und Zeitangaben in indirekter Rede

Wie im Deutschen wird die indirekte Rede an den Standpunkt des Berichterstatters angepasst.

*"What do **you** think about **my** idea?"* *→ Tom asks Matthew what **he** thinks about **his** idea.*	Personalpronomen und Possessivbegleiter werden angepasst.

*"**Yesterday**, I visited Mount Rushmore." → Tom wrote that **the day before**, he had visited Mount Rushmore.* *"**Today**, I'm in Custer State Park." → He said that **that day**, he was in Custer State Park.* *"Parts of the western 'Dances with Wolves' were shot **here**!" → He pointed out that parts of the western "Dances with Wolves" were shot **there**.*	Falls das redeeinleitende Verb im *past tense* steht, werden auch Zeit- und Ortsangaben an den Standpunkt des Berichterstatters angepasst.

Zu den häufig vorkommenden Anpassungen gehören:

now	→	*then*	*last year*	→	*the year before*
today	→	*that day*	*six months ago*	→	*six months before*
tonight	→	*that night*	*yesterday*	→	*the day before*
this week	→	*that week*	*tomorrow*	→	*the next/following day*
these days	→	*those days*	*next month*	→	*the next/following month*
here	→	*there*			

Zeit- und Ortsangaben werden nicht verändert, wenn die betreffende Angabe für den Berichterstatter auch (noch) zutrifft. Wird z. B. der oben (Seite 94) als Beispiel dienende Brief noch am selben Tag wiedergegeben, werden die Zeitangaben nicht verändert:

*Matthew said that **today**, he was in Custer State Park.*

Befindet sich der Berichterstatter auch im Custer State Park, wird die Ortsangabe nicht verändert:

*Matthew said that parts of the western "Dances with Wolves" had been shot **here**.*

10 Infinite Konstruktionen

Komplexe Sätze können aus Hauptsatz und Nebensatz bestehen, aber auch aus einem Hauptsatz und einer infiniten Konstruktion. Dazu gehören: der Infinitiv, das Gerund, die Partizipien.

Infinitiv

Der Infinitiv ist die Grundform des Verbs. Oft wird der Infinitiv mit *to* gekennzeichnet und damit an das vorhergehende Wort angeschlossen:

It is interesting ***to watch*** *the birds in the nest.*

In manchen Strukturen braucht man den Infinitiv ohne *to*, wie z. B. nach *'d (= would) rather* (lieber wollen) und *'d (= had) better* (sollen) sowie nach Verben der Sinneswahrnehmung:

I've just ***seen*** *the parents* ***feed*** *the baby birds.*
*Weather permitting, I'****d rather go*** *to the zoo than a museum.*
*Then you'****d better take*** *the bus – parking at the zoo is a nightmare.*

Neben dieser Grundform werden manchmal auch andere Formen des Infinitivs benötigt, um bestimmte Strukturen zu bilden: *to have played, to be found, to have been seen, to be singing* (↗ Kapitel 7 Verb: Passiv).

Wie verwendet man den Infinitiv im Satz?

Im Satz kann ein Infinitiv verschiedene Aufgaben übernehmen und an verschiedenen Stellen stehen.

Infinitiv als Subjekt

Als Subjekt eines Satzes findet man den Infinitiv fast nur in festen Redewendungen und Sprichwörtern:

To err *is human.* – Irren ist menschlich.

Infinitiv nach einem Nomen

Ein Infinitiv kann ein Nomen genauer bestimmen:

The scientists don't have enough ***time to develop a new vaccine.***

Nach Nomen sowie nach *nobody, someone, anybody, nothing* etc. kann eine Infinitivkonstruktion einen Relativsatz mit Modalverb ersetzen:

For an emergency, we need	*a plan*	*that we can follow.*
		to follow.
Everybody will agree that this is	*a project*	*that must be carried out at once.*
		***to be carried out** at once.*
As a team leader we want	*someone*	*who we can trust.*
		to trust.

In dieser Konstruktion kann der Infinitiv auch ein eigenes Sinnsubjekt haben. Es wird mit *for* nach dem Bezugswort eingeschoben:

The boss has got some	*instructions*	*which the team leader should read.*
		for the team leader to read.
Safety risks pose	*a problem*	*that we must deal with soon.*
		***for us to deal with** soon.*

Infinitiv als Ergänzung nach dem Vollverb *be*

Statt eines Adjektivs oder eines Nebensatzes kann ein Infinitiv nach dem Verb *be* ein Nomen näher bestimmen:

*Our only problem **was to get** to London in time for the concert.*

Infinitiv nach einem Verb

- Nach bestimmten Verben kann der Infinitiv an der Stelle des Objekts im Satz stehen. Zu dieser Gruppe von Verben gehören: *agree, arrange, choose, decide, expect, forget, hope, intend, learn, offer, plan, prefer, promise, propose, refuse, remember, try, want, would like*:

  The country's politicians promised changes to the tax system.
  *The country's politicians **promised to change** the tax system.*

- Bei einer zweiten Gruppe von Verben steht vor dem Infinitiv ein direktes Objekt (in Form eines Pronomens oder eines Nomens):

  *All victims **expect the president to react** immediately to the disaster.*
  *He **encourages them to apply** for government funds.*

  Es handelt sich dabei vor allem um Verben, die eine Aufforderung, eine Absicht, einen Wunsch, eine Bitte, eine Erlaubnis oder einen Rat ausdrücken: *advise, allow, ask, cause, encourage, expect, force, help, invite, remind, teach, tell, want, warn, would like*.

! Im Gegensatz zum deutschen Wort „wollen“ kann nach *want* und *would like* kein Nebensatz mit *that* stehen, sondern nur der Infinitiv:

Der Präsident will, dass die Bevölkerung seinen Plan unterstützt.
*The president **wants** the population **to support** his plan.*
Er möchte gern, dass jeder Bürger ein gutes Leben führt.
*He **would like** every citizen **to lead** a good life.*

i Inhaltlich ist es ein großer Unterschied, ob nach einem Verb nur ein Infinitiv steht oder ein Pronomen/Nomen + Infinitiv:

- *A lot of people **want to help**.*

  Das Subjekt des Satzes ist auch das „gedachte“ Subjekt des Infinitivs:
  Die Leute wollen helfen.
- *A lot of people **want the government to help**.*

  Der Infinitiv hat ein eigenes „Sinnsubjekt“, das nicht mit dem des Gesamtsatzes identisch ist:
  Die Leute wollen, dass die Regierung hilft.

- Verben der sinnlichen Wahrnehmung (zum Beispiel *feel, find, hear, listen to, notice, observe, see, smell, watch*) können mit einem Nomen/Pronomen und dem Infinitiv ohne *to (= bare infinitive)* verbunden werden. Diese Struktur entspricht im Deutschen oft einem Nebensatz mit „dass“ oder „wie“:

  *The old lady **saw a stranger enter** the house next door.*
  Die alte Dame sah einen Fremden das Haus nebenan betreten./Die alte Dame sah, wie ein Fremder das Haus nebenan betrat.
  *No one else had **noticed him arrive**.*
  Niemand sonst hatte bemerkt, dass er angekommen war.

- Nach den Verben *have* und *make* in der Bedeutung „veranlassen", „bringen zu", „bewegen zu" und *let* im Sinne von „zulassen", „erlauben" steht ebenfalls ein Nomen oder Pronomen, gefolgt vom Infintiv ohne *to (= bare infinitive)*:

  My parents never ***let me stay out*** *until late at night.*
  Meine Eltern lassen mich nie bis spät nachts ausgehen./Meine Eltern lassen es nie zu, dass ich bis spät nachts ausgehe.
  Mrs Parker ***makes Sarah call*** *twice an evening.*
  Frau Parker lässt Sarah zweimal am Abend anrufen./Frau Parker zwingt Sarah, zweimal am Abend anzurufen.

Infinitiv nach einem Adjektiv

Nach verschiedenen Adjektiven – auch im Komparativ – kann man einen Infinitiv mit *to* benutzen. Dabei sind mehrere Strukturen möglich:

- *adjective + to + infinitive*

  This task is ***impossible to fulfil*** *without more financial support.*
  Moreover, other questions are ***more important to be dealt with*** *at the moment.*
- *adjective + noun + to + infinitive*

  Although it isn't an ***easy problem to solve****, we'll keep trying.*
- *too + adjective + to + infinitive*

  Some tasks might be ***too difficult to complete*** *within a couple of days.*
- *adjective + enough + to + infinitive*

  Some ideas are ***innovative enough to be given*** *careful thought.*
- *adjective + for + noun/pronoun + to + infinitive*

  It is absolutely ***necessary for every team member to make*** *a determined effort to finish the project on time.*

Zur Wiedergabe im Deutschen benötigt man oft einen *dass*-Satz:

Es ist absolut notwendig, dass jedes Teammitglied sich anstrengt, damit ...

Infinitiv nach *first/last/next/only*

Nach *first, last, next, only* (+ Nomen/*one*) kann ein Infinitiv einen Relativsatz ersetzen:

Our boss is always the last (person) who leaves the company in the evening.
Our boss is always ***the last (person) to leave*** *the company in the evening.*

Last year, our company was the only one that made a reasonable profit.
Last year, our company was ***the only one to make*** *a reasonable profit.*

Infinitiv nach einem Fragewort

Nach Verben wie *ask, wonder, show, teach, learn, know, understand, be sure* kann ein Nebensatz stehen, der von *whether* oder einem Fragewort *(what, where, who, whose, when, how)* eingeleitet wird und ein Modalverb enthält:

Mike has no idea how he could get the money for a new bike. He's wondering whether he should get a holiday job. But where? "We know who you can phone," his parents tell him.

Ein solcher Nebensatz wird oft durch eine Infinitivkonstruktion verkürzt. Im Deutschen lässt sich diese Struktur aber nur mit einem Nebensatz wiedergeben:

*Mike has no idea **how to earn** the money for a new bike.*
... wie er das Geld für ein neues Fahrrad verdienen könnte.
*He's wondering **whether to get** a holiday job.*
... ob er einen Ferienjob annehmen soll.
*But where? "We know **who to phone**," his parents tell him.*
... wen du anrufen kannst ...

Gerund

Das Gerund *(gerund)* ist eine infinite Verbform, die auch Eigenschaften des Nomens hat: Sie kann zum Beispiel nach Präpositionen stehen *(He is afraid **of losing**.)* oder nach bestimmten Begleitern wie *the, this* oder *no (The sign over there says **"No trespassing"**.)* oder ein Adjektivattribut haben *(I'm fed up with his **constant complaining**.)*.
Die am häufigsten verwendete Form des Gerunds ist identisch mit der *ing*-Form des Verbs, zum Beispiel *waiting*, *setting*, *driving*. Zur Verneinung des Gerunds setzt man *not* direkt vor die Form:

*I prefer **not eating** large meals. I hate **not being asked**.*

Gerund mit eigenem Subjekt

Das Gerund ist eine Verbform und braucht daher im Satz ein Subjekt. Es gibt für dieses Subjekt zwei Varianten:

- Das Subjekt des Gesamtsatzes ist gleichzeitig das Subjekt des Gerunds. Da es kein zweites Mal genannt wird, sondern nur „mitgedacht“ wird, nennt man es auch „Sinnsubjekt“:

  Barbara's mother doesn't like wearing old and faded clothes.
  Barbaras Mutter trägt selbst nicht gern alte und verwaschene Kleidung.

- Das Gerund hat ein eigenes Subjekt, das als Eigenname, Nomen oder Objektpronomen (seltener ein Possessivbegleiter) vor dem Gerund steht:

  Barbara's mother doesn't like her daughter wearing old and faded clothes.

  Barbaras Mutter mag es nicht, wenn ihre Tochter alte und verwaschene Kleidung trägt.

Wie verwendet man das Gerund im Satz?

Gerund als Subjekt

Wie ein Nomen oder ein Pronomen kann das Gerund das Subjekt eines Satzes sein:

__Taking__ aerial photographs has become quite popular in recent years.

Zur Wiedergabe im Deutschen verwendet man meistens einen Infinitiv, gelegentlich auch ein Nomen:

__Reading__ French books is Peggy's favourite hobby.
Französische Bücher zu lesen/Die Lektüre französischer Bücher ...

Gerund als Objekt nach bestimmten Verben

Nach einer Reihe von Verben kann die Stelle des direkten Objekts von einem Gerund eingenommen werden: *admit, avoid, begin, continue, deny, dislike, enjoy, finish, hate, imagine, keep, like, love, mention, (not) mind, miss, prefer, propose, risk, start, stop, suggest ...*

A lot of people __enjoy spending__ their holidays at the seaside, __relaxing__ and __swimming__. Others, however, can't __imagine sunbathing__ on the beach day after day. They __prefer hiking__ or other activities.

Meist wird das Gerund mit einem Infinitiv ins Deutsche übersetzt:

A lot of people __enjoy spending__ their holidays at the seaside.
Viele Leute genießen es, ihre Ferien am Meer zu verbringen.

Infinitiv oder Gerund?

Nach einigen Verben kann ein Infinitiv oder ein Gerund stehen, ohne dass sich die Bedeutung der Aussage ändert. Dazu gehören *start, begin, continue, hate, like, love, prefer*:

*When the referee blew the whistle, the teams **started playing/to play**.*
*People all over the world **love watching/to watch** soccer matches.*

Vorsicht jedoch bei *would + like/love/hate/prefer*. Danach ist nur der Infinitiv möglich:

*I'**d like to get** a season ticket this year. I'm sure the boys **would love to see** all home matches, too.*

Bei anderen Verben dagegen ist mit dem Unterschied Infinitiv – Gerund auch ein Bedeutungsunterschied verbunden. Er betrifft bei einer kleinen Gruppe von Verben den Zeitpunkt des Geschehens:

mit Gerund		mit Infinitiv
betrifft ein Geschehen in der Vergangenheit		betrifft ein Geschehen in der Zukunft
*Why isn't there any yogurt left? I can't **remember eating** it all.* sich daran erinnern, etwas getan zu haben	*remember*	*When you go shopping, **remember to buy** some yogurt.* daran denken, etwas zu tun
*This postcard's from me? I've completely **forgotten writing it**.* vergessen, etws getan zu haben	*forget*	*When you're on holiday, don't **forget to write** me a post-card.* vergessen, etwas zu tun
*Mr Swallow **regrets buying** such a big car.* bedauern, etwas getan zu haben	*regret*	*I **regret to admit** it, but it was a waste of money.* bedauern, gleich etwas zu tun

Es gibt aber auch andere Bedeutungsunterschiede:

mit Gerund		mit Infinitiv
Stop tapping *your fingers on the table – it's driving me mad!* aufhören, etwas zu tun	*stop*	*Ben was tapping his fingers, but then* ***he stopped (in order) to stir*** *his tea.* etwas unterbrechen, um etwas anderes zu tun
You don't want to be late for school again which ***means leaving*** *now.* bedeuten, zur Folge haben	*mean*	*I didn't* ***mean to be*** *late for school but I missed the bus.* beabsichtigen, etwas zu tun
I don't sleep well these days. I've even ***tried counting*** *sheep!* betrifft die Methode, mit der man ein Ziel erreichen will: es probieren mit	*try*	*Ellen* ***tried to sleep****, but the storm kept her awake.* betrifft das Ziel, das man erreichen will: versuchen, etwas zu tun

Gerund nach Verb, Adjektiv oder Nomen + Präposition

Wenn auf eine Präposition eine Verbform folgt, ist diese immer ein Gerund. Dabei ist unwichtig, ob die Präposition von einem Verb, einem Adjektiv oder einem Nomen abhängt:

Beth and Oliver have always ***dreamed of going*** *on a trip around the world.*
Both are ***keen on exploring*** *remote islands as well as busy cities.*
They have expressed ***hopes of travelling*** *for more than a year.*

Einige gebräuchliche Kombinationen aus Verb/Adjektiv/Nomen und Präposition, nach denen ein Gerund stehen kann, sind:

Verb + Präposition	Adjektiv + Präposition	Nomen + Präposition
agree on/with, believe in, complain about, depend on, get used to, insist on, look forward to, rely on, succeed in, talk about, think of, worry about	*afraid of, angry about, bad at, excited about, famous for, fond of, good at, interested in, proud of, sick of, worried about*	*chance of, choice between, danger of, difficulty (in), doubt about, idea of, interest in, opportunity of, possibility of, problem of, reason for, trouble (in), way of*
doing sth.		

Bei *look forward to* und *be/get used to* ist *to* eine Präposition, nach der ein Gerund stehen muss:

School starts soon. Christine is ***looking forward to seeing*** *her friends again. But she will have to* ***get used to getting*** *up early again.*

Dieses *to* ist also kein Kennzeichen für einen nachfolgenden Infinitiv.

Die Nomen *chance*, *opportunity* und *way* können statt *of* + Gerund auch einen Infinitiv nach sich haben:

Thanks for the opportunity of taking part in the programme.
Thanks for the opportunity to take part in the programme.

Gerund nach festen Wendungen

Nach den folgenden Ausdrücken und festen Wendungen folgt ein Gerund:

__What about visiting__ the Planetarium this afternoon?

Wie wäre es damit, heute Nachmittag ins Planetarium zu gehen?

__It's__ definitely __worth spending__ a couple of hours there.

Es lohnt sich ganz sicher, dort ein paar Stunden zu verbringen.

I'm not sure I want to go. I __can't help feeling__ pushed a bit.

Ich kann es nicht ändern, aber ich fühle mich ein bisschen gedrängt.

__It's no good/use forcing__ you to come.

Es hat keinen Zweck/Es nützt nichts, dich zum Mitkommen zu zwingen.

I guess __it's hopeless trying__ to convince you.

Es ist vermutlich aussichtslos, dich überzeugen zu wollen.

__There's no denying__ that some museums are pretty expensive.

Man kann nicht leugnen, dass manche Museen recht teuer sind.

Partizip

Welche Formen des Partizips gibt es?

Man unterscheidet grundsätzlich zwei Partizipien (zur Bildung ↗ Kapitel 7 Verb: Infinitiv, *ing*-Form und Partizip Perfekt):

- Partizip Präsens *(present participle)*: *planning, wearing, preparing* ... Es ist identisch mit der *ing*-Form.
- Partizip Perfekt *(past participle)*: *repaired, packed, noticed, carried, done* ... Zu den unregelmäßigen Formen ↗ Liste der unregelmäßigen Verben

Wie verwendet man das Partizip im Satz?

Partizip nach bestimmten Verben

Nach Verben der Sinneswahrnehmung *(feel, find, hear, listen to, notice, observe, see, smell, watch)* + Nomen/Pronomen drückt das *present participle* aus, dass jemand einen Teil einer gerade ablaufenden Handlung wahrnimmt, aber nicht die gesamte Handlung von Anfang bis Ende (vgl. S. 101). Die deutsche Version kann mit Nebensatz oder Infinitiv gestaltet werden:

Timmy __heard the dog barking__ in the middle of the night.

Timmy hörte mitten in der Nacht den Hund bellen.

He __listened to the wind howling__ for a minute, then went back to sleep.

Er hörte eine Minute lang zu, wie der Wind heulte, schlief dann wieder ein.

Die Konstruktion *have + noun/pronoun + past participle* bedeutet so viel wie „veranlassen, dass etwas getan wird“. Wer diese Tätigkeit ausführt, wird nicht genannt:

*We **had our car checked**, but the mechanic hasn't found out where the strange noise comes from. – Will you **have it examined** again? – Sure.*

In der Umgangssprache kann man *have* durch *get* ersetzen:

*The Millers finally **got their house sold**.*

! Die Wortstellung kann die Bedeutung einer Aussage entscheidend beeinflussen. Im ersten Fall ist Tom selbst für den Absturz des Computers verantwortlich. Im zweiten Fall hat er die Programme von jemandem installieren lassen:

*When Tom **had installed some new programmes**, the computer crashed.*
Tom installierte einige neue Programme.
*When Tom **had some new programmes installed**, the computer crashed.*
Tom ließ einige neue Programme installieren.

Partizipkonstruktion statt Relativsatz

*Madame Tussaud's collection of wax figures is a museum **which attracts** countless tourists every year. Some of the notorious characters **who were added** to the collection can be seen in the "Chamber of Horrors".*

In beiden Beispielen ist das Relativpronomen das Subjekt des Relativsatzes. Daher können beide Relativsätze durch eine Partizipkonstruktion ersetzt werden. Für ein Verb im Aktiv wird ein *present participle* verwendet, für das Passiv ein *past participle*:

*Madame Tussaud's collection of wax figures is a museum **attracting** countless tourists every year. Some of the notorious characters **added** to the collection can be seen in the "Chamber of Horrors".*

Zur Wiedergabe im Deutschen eignet sich meist ein Relativsatz am besten:

Many of the figures made by Madame Tussaud herself are still preserved.
Viele der Figuren, die von Madame Tussaud selbst gemacht wurden, ...
Today, you can see a lot of wax figures representing modern popular culture.
... viele Wachsfiguren, welche für die moderne Popkultur stehen.

Partizipkonstruktion als adverbiale Bestimmung

Es ist möglich, mit einer Partizipkonstruktion einen adverbialen Nebensatz – in leicht verkürzter Form – zu ersetzen. Von den beiden Strukturen gilt das Partizip als die elegantere Form des Ausdrucks und findet sich daher meist in schriftlichen Texten.

adverbiale Nebensätze	Partizipkonstruktionen
As the British government had an interest in settling Australia*, it sent an expedition to explore the country.*	***Having an interest in settling Australia****, the British government sent an expedition to explore the country.*
But when the first white settlers arrived in Australia*, they didn't know much about the continent.*	***Arriving in Australia****, however, the first white settlers didn't know much about the continent.*
Although they were cruelly persecuted by white immigrants*, the native Aboriginals remained peaceful for a long time.*	***Although cruelly persecuted by white immigrants****, the native Aboriginals remained peaceful for a long time.*
After they had fought for their rights for centuries*, the indigenous people finally won a very important trial in 1992.*	***Having fought for their rights for centuries****, the indigenous people finally won a very important trial in 1992.*

Meist steht vor dem Partizip keine Konjunktion, wenn aber die Bedeutung ohne die Konjunktion nicht mehr klar wird, muss sie gesetzt werden (z. B. *although, if, though, when, while*).

Nicht immer liegt einer Partizipkonstruktion ein Satzgefüge aus Haupt- und Nebensatz zugrunde. Man kann auch zwei Hauptsätze mit einem Partizip verbinden:

In 1770, Captain James Cook landed in Australia ***and named*** *it "New South Wales".*

In 1770, Captain James Cook landed in Australia, ***naming*** *it "New South Wales".*

⑪ Mittel der Hervorhebung

In der gesprochenen Sprache kann man einzelne Wörter oder Satzteile dadurch hervorheben, dass man sie besonders betont:

Shakespeare is ***the*** *most influential author in English literature. His plays are read* ***and*** *performed worldwide.*

Manchmal möchte man Teile einer Aussage auch in schriftlichen Texten betonen. Es gibt dabei verschiedene Möglichkeiten.

Adverbien

Gradadverbien und hervorhebende Adverbien wie *absolutely, completely, even, especially, extremely, hardly, highly, mainly, only, particularly, quite, rather, really, terribly, too, very* (↗ Kapitel 6 Adverb) können etwa bei Adjektiven, Verben oder anderen Adverbien und adverbialen Bestimmungen stehen:

By a lot of experts, Shakespeare is ***even*** *considered the greatest dramatist of all times. But William Shakespeare was not only an* ***extremely*** *gifted writer, he worked* ***very*** *successfully as an actor, too. Information on his life can be found* ***mainly*** *in official documents.*

Pronomen auf *-self/-selves*

Pronomen wie *myself, yourself, himself, themselves* werden nicht nur reflexiv verwendet (↗ Kapitel 3 Reflexivpronomen), sondern auch zur Verstärkung eines Nomens oder Pronomens benutzt. Sie bedeuten dann so viel wie „selbst“. Im Satz stehen sie meist direkt hinter dem Wort, das sie hervorheben:

Shakespeare wrote several plays for ***the Queen herself****. She often attended performances at his theatre and sometimes spoke to the* ***author himself****. According to historians,* ***Queen Elizabeth herself*** *wrote poetry.*

Wenn das Subjekt eines Satzes betont wird, kann *-self* auch am Satzende stehen:

Queen Elizabeth *wrote poetry* ***herself****. –* ***Shakespeare's Globe Theatre*** *was a piece of art* ***itself****. –* ***You*** *must all go and see its replica* ***yourselves****.*

Hilfsverb *do*

In Sätzen, die normalerweise ohne Hilfsverb auskommen, kann man *do/does/did* + Infinitiv zur besonders starken Hervorhebung des Verbs einsetzen. Im Deutschen würde man dafür „doch“, „tatsächlich“, „wirklich“ verwenden:

Why didn't you call me yesterday? – I ***did call*** *you, but you didn't answer the phone.*

Ich habe doch angerufen, aber ...

Helen is a very friendly and helpful girl. I ***do like*** *her.*

Ich mag sie wirklich.

Peter seems to be very nervous before exams. – You're right. He ***does have*** *a problem with stress management.*

Er kann tatsächlich nicht gut mit Stress umgehen.

Present progressive mit dem Adverb *always*

Im Normalfall wird das Adverb *always* mit dem *simple present* verwendet (↗ Kapitel 7 Verb). Wenn der Sprecher aber seine besondere Verärgerung oder Verwunderung über eine Verhaltensweise ausdrücken möchte, kann er *always* zusammen mit dem *present progressive* benutzen. Im Deutschen würde man *always* in diesem Fall mit „andauernd“, „die ganze Zeit“, „ständig“ wiedergeben:

*Tom****'s always wearing*** *these torn jeans. It's so embarrassing!*

Tom hat ständig diese zerrissene Jeans an.

Satzkonstruktionen mit *it is/it was – what ... is/was*

Mit einzelnen Wörtern kann man etwas hervorheben, aber auch ganze Sätze können so gestaltet sein, dass sie einen Teil der Aussage besonders betonen. Es gibt zwei Möglichkeiten:

It is/It was ... that/who

Man kann nach *it is* oder *it was* zuerst das Element nennen, das hervorgehoben werden soll, dann die restlichen Informationen mit *that* oder *who* anschließen. Aus dem folgenden kurzen Text sollen die fett gedruckten Satzteile auf diese Weise hervorgehoben werden:

> ***The Beatles*** *started their musical career* ***in Liverpool*** *in the early 1960s.* ***In 1980****, band member John Lennon was murdered* ***by a mentally ill fan*** *outside his apartment. Bassist and singer* ***Paul Mc Cartney*** *still works in the music business today.*

It was	*the Beatles*	**who**	*started their musical career in Liverpool in the early 1960s.*
	in Liverpool	**that**	*the Beatles started their musical career in the early 1960s.*
	in 1980	**that**	*John Lennon was murdered by a fan outside his apartment.*
	by a mentally ill fan	**that**	*John Lennon was murdered in 1980.*
It is	*Paul Mc Cartney*	**who**	*still works in the music business today.*

! Das Verb nach *It* lautet immer *is* oder *was*, steht also immer im Singular, auch wenn das danach genannte Nomen im Plural steht:

> *It* ***was the Beatles*** *who started their musical career in Liverpool.*
> *It* ***is their songs*** *that made them famous, not their films.*

What … is/was

Bei dieser Konstruktion kommt die betonte Information am Ende des Satzes nach der Verbform *is* oder *was*. Aus dem folgenden Text sollen die fett gedruckten Satzteile auf diese Weise hervorgehoben werden:

British author Ian Fleming is famous for ***creating one of the most popular literary heroes of the 20th century thriller****. His character James Bond likes* ***adventure, fast cars and women****. Fleming's hero was often criticised for* ***his violence and snobbery****. But in 1961, even American President John F. Kennedy* ***put a James Bond novel on his list of favourite books****.*

What	*British author Ian Fleming is famous for*	***is***	*creating one of the most popular literary heroes of the 20th century thriller.*
	his character James Bond likes		*adventure, fast cars and women.*
	Fleming's hero was often criticised for	***was***	*his violence and snobbery.*
	John F. Kennedy did in 1961		*to put a James Bond novel on his list of favourite books.*

Abweichungen von der normalen Wortstellung

Adverbiale Bestimmungen können an den Satzanfang gestellt werden, um ihnen besonderes Gewicht zu verleihen (↗ Kapitel 6 Adverb). Von der Wortstellung S – V – O weicht man dabei jedoch nicht ab. Stellt man aber eine adverbiale Bestimmung mit negativer oder einschränkender Bedeutung an den Satzanfang, muss man die Reihenfolge von Hilfsverb und Subjekt vertauschen. Wenn der Satz kein Hilfsverb enthält, verwendet man (wie bei Verneinung und Fragestellung) eine Form von *do*. Adverbiale Bestimmungen mit negativer oder einschränkender Bedeutung sind unter anderem *hardly, scarcely, not only, never, never before, seldom, rarely, no sooner, neither, nor*.

Die folgenden Satzbeispiele weisen zunächst die normale Wortstellung auf, anschließend haben sie eine besondere Betonung:

Ernest Hemingway had hardly finished high school when he began to work for a newspaper. He never joined the armed forces, but he was always fascinated by war. The author did not only work as a war reporter, but he also served as an ambulance driver in World War I.

***Hardly had Hemingway** finished high school when he began to work for a newspaper. **Never did** he join the armed forces, but he was always fascinated by war. **Not only did** the author work as a war reporter, but he also served as an ambulance driver in World War I.*

Alle Mittel der Hervorhebung sollte man sparsam einsetzen, damit sie ihre Wirkung nicht verlieren. Man muss sich also genau überlegen, welche Information eine besondere Betonung wert ist.

Unregelmäßige Verben – *Irregular Verbs*

Die folgende Liste enthält wichtige unregelmäßige Verben, die im Unterricht häufig verwendet werden. Verben mit einer Vorsilbe (zum Beispiel *undergo*, *forgive*) wurden nicht aufgenommen, da sie ihre Form wie das Grundwort *(go, give)* ändern. Gibt es für ein Verb regelmäßige und unregelmäßige Formen, werden beide genannt.

infinitive	*past tense*	*past participle*	
be	*was, were*	*been*	sein
bear	*bore*	*borne*	(er)tragen
beat	*beat*	*beaten*	schlagen, besiegen
become	*became*	*become*	werden
begin	*began*	*begun*	beginnen
bend	*bent*	*bent*	beugen
bet	*bet*	*bet*	wetten
bind	*bound*	*bound*	binden
bite	*bit*	*bitten*	beißen
bleed	*bled*	*bled*	bluten
blow	*blew*	*blown*	blasen
break	*broke*	*broken*	brechen
bring	*brought*	*brought*	bringen
broadcast	*broadcast*	*broadcast*	senden, übertragen (im TV)
build	*built*	*built*	bauen
burn	*burned/burnt*	*burned/burnt*	(ver)brennen
burst	*burst*	*burst*	platzen, bersten
buy	*bought*	*bought*	kaufen
catch	*caught*	*caught*	fangen
choose	*chose*	*chosen*	(aus)wählen
cling	*clung*	*clung*	sich festhalten

infinitive	*past tense*	*past participle*	
come	*came*	*come*	kommen
cost	*cost*	*cost*	kosten
creep	*crept*	*crept*	schleichen; kriechen
cut	*cut*	*cut*	schneiden
deal (with)	*dealt*	*dealt*	handeln (mit)
dig	*dug*	*dug*	graben
do	*did*	*done*	machen, tun
draw	*drew*	*drawn*	zeichnen; ziehen
dream	*dreamed/dreamt*	*dreamed/dreamt*	träumen
drink	*drank*	*drunk*	trinken
drive	*drove*	*driven*	fahren
eat	*ate*	*eaten*	essen
fall	*fell*	*fallen*	fallen
feed	*fed*	*fed*	füttern
feel	*felt*	*felt*	(sich) fühlen
fight	*fought*	*fought*	kämpfen, streiten
find	*found*	*found*	finden
flee	*fled*	*fled*	fliehen
fly	*flew*	*flown*	fliegen
forget	*forgot*	*forgotten*	vergessen
freeze	*froze*	*frozen*	gefrieren, einfrieren
get	*got*	*got (AE: gotten)*	bekommen; werden
give	*gave*	*given*	geben
go	*went*	*gone*	gehen
grind	*ground*	*ground*	mahlen
grow	*grew*	*grown*	wachsen; werden
hang	*hung*	*hung*	hängen

infinitive	*past tense*	*past participle*	
have	*had*	*had*	haben
hear	*heard*	*heard*	hören
hide	*hid*	*hidden*	(sich) verstecken
hit	*hit*	*hit*	treffen, schlagen
hold	*held*	*held*	halten
hurt	*hurt*	*hurt*	verletzen, weh tun
keep	*kept*	*kept*	behalten
know	*knew*	*known*	wissen, kennen
lay	*laid*	*laid*	legen
lead	*led*	*led*	(an)führen
lean	*leaned/leant*	*leaned/leant*	(sich) (an)lehnen
learn	*learned/learnt*	*learned/learnt*	lernen
leave	*left*	*left*	(ver)lassen; abfahren
lend	*lent*	*lent*	(ver)leihen
let	*let*	*let*	lassen
lie	*lay*	*lain*	liegen
light	*lit*	*lit*	anzünden
lose	*lost*	*lost*	verlieren
make	*made*	*made*	machen
mean	*meant*	*meant*	bedeuten
meet	*met*	*met*	(sich) treffen
pay	*paid*	*paid*	(be)zahlen
put	*put*	*put*	stellen, legen
quit	*quit/quitted*	*quit/quitted*	kündigen; aufgeben
read	*read*	*read*	lesen
ride	*rode*	*ridden*	reiten; fahren
ring	*rang*	*rung*	klingeln; anrufen

infinitive	*past tense*	*past participle*	
rise	*rose*	*risen*	(auf)steigen; heben
run	*ran*	*run*	rennen, laufen
say	*said*	*said*	sagen
see	*saw*	*seen*	sehen
sell	*sold*	*sold*	verkaufen
send	*sent*	*sent*	schicken
set	*set*	*set*	stellen, legen, setzen
sew	*sewed*	*sewn/sewed*	nähen
shake	*shook*	*shaken*	schütteln
shine	*shone*	*shone*	scheinen, glänzen
shoot	*shot*	*shot*	(er)schießen
show	*showed*	*shown*	zeigen
shut	*shut*	*shut*	schließen
sing	*sang*	*sung*	singen
sink	*sank*	*sunk*	sinken, versenken
sit	*sat*	*sat*	sitzen
sleep	*slept*	*slept*	schlafen
slide	*slid*	*slid*	rutschen, gleiten
smell	*smelled/smelt*	*smelled/smelt*	riechen
speak	*spoke*	*spoken*	sprechen
spell	*spelled/spelt*	*spelled/spelt*	buchstabieren
spend	*spent*	*spent*	ausgeben; verbringen
spill	*spilled/spilt*	*spilled/spilt*	verschütten
spin	*spun*	*spun*	(sich) schnell drehen
spit	*spat*	*spat*	spucken
spread	*spread*	*spread*	(sich) verbreiten
stand	*stood*	*stood*	stehen

infinitive	*past tense*	*past participle*	
steal	*stole*	*stolen*	stehlen
stick	*stuck*	*stuck*	kleben; (fest)stecken
sting	*stung*	*stung*	stechen
strike	*struck*	*struck*	schlagen, treffen
strive	*strove*	*striven*	streben
swear	*swore*	*sworn*	schwören; fluchen
sweep	*swept*	*swept*	fegen
swell	*swelled*	*swollen/swelled*	anschwellen
swim	*swam*	*swum*	schwimmen
swing	*swung*	*swung*	schwingen, schwenken
take	*took*	*taken*	nehmen
teach	*taught*	*taught*	unterrichten, lehren
tear	*tore*	*torn*	(zer)reißen
tell	*told*	*told*	sagen, erzählen
think	*thought*	*thought*	denken, überlegen
throw	*threw*	*thrown*	werfen
understand	*understood*	*understood*	verstehen
wake	*woke*	*woken*	(auf)wachen; wecken
wear	*wore*	*worn*	tragen, anhaben
weep	*wept*	*wept*	weinen
win	*won*	*won*	gewinnen, siegen
write	*wrote*	*written*	schreiben

Grammatische Fachbegriffe – *Grammatical Terms*

active voice	Aktiv
adjective	Adjektiv: *blue, small, young, useless, wonderful*
adverb	Adverb: *easily, beautifully, well, then, here*
adverbial	adverbiale Bestimmung: *in London, a week ago*
article *definite article* *indefinite article*	Artikel bestimmter Artikel: *the* unbestimmter Artikel: *a, an*
auxiliary (verb)	Hilfsverb: *be, do, have*
backshift of tenses	Zurückverschiebung der Tempora in der indirekten Rede
basic form	Grundform des Adjektivs
cardinal number	Grundzahl, Kardinalzahl: *three, forty, sixty-seven*
command	Aufforderung, Befehl
comparative	Komparativ: *faster, worse, more interesting*
comparison	Vergleich: *sweeter than, as fast as*
conditional	*would* + Infinitiv: *would go, would find*
conditional perfect	*would have + past participle: would have gone*
conjunction	Konjunktion: *that, if, when, because, since*
contact clause	Relativsatz ohne Relativpronomen
demonstrative determiner	Demonstrativbegleiter: *this, that, these, those*
demonstrative pronoun	Demonstrativpronomen: *this, that, these, those*
determiner	Begleiter des Nomens
direct object	direktes Objekt
dynamic verbs	Tätigkeitsverben: *run, read, look for, tidy up*
end position	Endstellung von Adverbien und adverbialen Bestimmungen: *She acted her part well **last night**.*

exclamation	Ausruf
fraction	Bruchzahl: *a quarter, a third*
front position	Anfangsstellung von Adverbien und adverbialen Bestimmungen: ***On Sundays**, she visits her aunt.*
future	Zukunft, Futur
future perfect	Futur II: *will have seen, will have eaten*
future progressive	Verlaufsform des Futur: *will be watching*
gender	Genus, grammatisches Geschlecht
genitive *s-genitive* *of-genitive*	Genitiv *s*-Genitiv: *Sally's friend, the sisters' toys* *of*-Genitiv: *the door of the house*
gerund	Gerund, *ing*-Form
gerund construction	Gerundkonstruktion
going to-future	Futur mit *going to*: *We're going to watch the match.*
if-clause	Nebensatz mit *if*, Konditionalsatz
imperative	Imperativ, Befehlsform
indefinite determiner	Indefinitbegleiter: *some, all, no, every*
indefinite pronoun	Indefinitpronomen: *anyone, nothing, some*
indirect object	indirektes Objekt
indirect speech	indirekte Rede
infinitive construction	Infinitivkonstruktion
infinitive; bare infinitive	Infinitiv; bloßer Infinitiv ohne *to*
ing-form	*ing*-Form: *playing, writing, sitting*
irregular	unregelmäßig
long forms	Langform: *I have seen, he is, they are, we will*
main clause	Hauptsatz
main verb	Vollverb

mid position	Mittelstellung von Adverbien und adverbialen Bestimmungen: *She has **quietly** opened the door.*
modal auxiliary	Modalverb, modales Hilfsverb: *can, must, needn't*
negation	Verneinung
noun	Nomen, Substantiv
number	Zahlwort, Numerale
of-phrase	Wortgruppe, die mit *of* an ein Bezugswort angeschlossen wird: *the end of the story*
ordinal number	Ordnungszahl: *first, second, tenth*
participle construction	Partizipkonstruktion
participle *present participle* *past participle*	Partizip Partizip Präsens: *helping, washing* Partizip Perfekt: *helped, thought*
passive voice	Passiv
past perfect	Plusquamperfekt, Vorvergangenheit: *had made*
past progressive	Verlaufsform des Präteritum: *was/were singing*
past tense	Präteritum, 1. Vergangenheit: *wanted, took*
plural	Plural, Mehrzahl
possessive determiner	Possessivbegleiter: *my, your, her, their*
possessive pronoun	Possessivpronomen: *mine, yours, his, ours*
preposition	Präposition: *in, on, under, for, since, after*
present perfect	Perfekt: *have cleaned, has heard*
present perfect progressive	Verlaufsform des Perfekt: *has/have been sitting*
present progressive	Verlaufsform des Präsens: *am/are/is eating*
present tense	Präsens: Sammelbegriff für *simple present* und *present progressive*
progressive form	Verlaufsform: *I'm driving, we were running*
pronoun	Pronomen

prop word	Stützwort: *one/ones*
question	Frage
question tag	Bestätigungsfrage: *It's cold, **isn't it**?*
question word	Fragewort: *why, who, where, when, how, what*
regular	regelmäßig
relative clause *defining relative clause* *non-defining relative clause*	Relativsatz notwendiger Relativsatz nicht notwendiger Relativsatz
relative pronoun	Relativpronomen: *who, which, that, whose*
reported speech	indirekte Rede
short answer	Kurzanwort: *Are you hungry? – **Yes, I am.***
short form	Kurzform: *I've seen, he's, they're, we'll*
simple form	einfache Form: *I drive, she has done, they laughed*
simple past	einfache Form des Präteritum: *you did, we painted, they caught*
simple present	einfache Form des Präsens: *I read, you work*
singular	Singular, Einzahl
stative verbs	Zustandsverben: *be, like, believe*
subject	Subjekt
subordinate clause	Nebensatz
substitute form	Ersatzform für die modalen Hilfsverben: *be able to, be allowed to, have to*
superlative	Superlativ: *biggest, best, most interesting*
will-future	mit *will* gebildetes Futur: *I will help, they won't ask*

Stichwortverzeichnis